Frankfurt

Acht literarische Spaziergänge
von Siegfried Diehl
Mit farbigen Fotografien
von Lutz Kleinhans
Insel Verlag

Abdruck des Kartenmaterials mit
freundlicher Genehmigung
des Umlandverbandes Frankfurt

insel taschenbuch 2197
Erste Auflage 1998

Text- und Bildnachweise am Schluß des Bandes
Vertrieb durch den Suhrkamp Taschenbuch Verlag
Umschlag nach Entwürfen von Willy Fleckhaus
Satz: Hümmer GmbH, Waldbüttelbrunn
Druck: MZ-Verlagsdruckerei GmbH, Memmingen
Printed in Germany

1 2 3 4 5 6 – 03 02 01 00 99 98

Bürgerliche Krönungsstadt:
Der Römer – das Rathaus

Frankfurt ist eine bescheidene Stadt. Sie hat es – bei Gott und Goethe – nicht nötig, ihr Licht unter den Scheffel zu stellen. Gut 650000 Einwohner leben relativ gemütlich auf 248 Quadratkilometern am Fuß eines sanften Mittelgebirges, bei statistisch schönen 1438 Sonnenstunden im Jahr. Und doch regiert hier der Superlativ. Denn Frankfurt hat: das höchste Getreidesilo und das höchste Bürohaus, den größten Holzturm und eines der ältesten Fachwerkhäuser der Bundesrepublik. Hier wurden die deutschen Könige gewählt, Kaiser gekrönt und ersten deutschen Parlamentarier gesehen; hier kam der kleine Struwwelpeter auf die Welt, und der große Schiller schlief im Stadtwald. In Frankfurt fallen die Gegensätze nicht trostlos zusammen, sondern stehen freundlich beieinander – wie die alten, liebevoll restaurierten Bürgerhäuser neben den neuen Banktürmen.

Wenn die Stadt nicht zu stolz wäre, dann läge sie jeden Tag auf den Knien und dankte dem netten Umstand, der ihr in den vergangenen zwölf Jahrhunderten die wirtschaftliche Blüte garantierte: ihrer verkehrsgünstigen Lage. Seit der Franke Karl der Große, auf der Flucht vor den Sachsen von einer sagenhaften Hirschkuh durch eine Furt auf die andere Seite des Mains geleitet, hier eine Synode zusammenrief, ist in Frankfurt die Welt zu Hause. Denn mit den päpstlichen Gesandten kamen die Fürsten und mit den Fürsten die Händler; an der Furt entstanden Brücken, die Schiffshaltestelle wurde unüberschaubar. Die Frankfurter bauten einen gigantischen Bahnhof, dann einen gigantischen Flughafen; die Autobahnen konzentrierten sie in Kreuzen rund um die Stadt. Wer nur auf der Landkarte einmal Oslo mit Genua und Paris mit Moskau verbindet, weiß, warum hier das Herz schlägt für Europa.

Kein Wunder, daß auch die Dichter sich hier wohl fühlten. Kaum einer, der einmal unterwegs war, versäumte es, der berühmten Reichsstadt am Main seine Aufwartung zu machen. »Franckfortt, du edle Statt gezyrt« beginnt ein ellenlanges Spruchgedicht des Johann Steinwert von Soest aus dem Jahre 1501, den die Frankfurter dafür dann im Dom beerdigten. Aber auch Ulrich von Hutten oder Hans Sachs, Enea Silvio Piccolomini, später Papst Pius II., oder der Syrakus-Spaziergänger Johann Gottfried Seume hätten ein Ehrengrab am Main verdient gehabt – denn sie alle machten sich, wie Hunderte ihrer Kollegen vor und nach ihnen, verdient um den Ruhm der Stadt. Werner Bergengruen faßte ihn in seiner *Deutschen Reise* (1959) noch einmal zusammen: »Vier Frankfurter Örtlichkeiten tragen, vier Pfeilern gleich, den deutschen Himmel, der sich über dieser Stadt wölbt: der Römer, der Dom, die Paulskirche und das Haus am Großen Hirschgraben. Mit diesen vieren ist Frankfurt eine hohe Schule aller deutschen Vergangenheit und damit eine Bürgin der Zukunft.«

Genug des Lobs. Wir müssen das Ideal in der Wirklichkeit suchen, und da hat mancher seine Schwierigkeiten, es zu finden. Frankfurt ist, wie der Frankfurter Kabarettist Matthias Beltz ergründete, von unterschiedlichen Feinden dreimal zerstört worden: von den Preußen durch die Annexion im Jahre 1866, von den Alliierten durch die Luftangriffe im Zweiten Weltkrieg und von der SPD in den sechziger und siebziger Jahren. Lassen wir die, nicht ganz

Stolze Wirtschaftsmetropole:
Die Kaiserstraße mit dem Eurotower

so ernst gemeinten, Demolierungen eins und drei einmal beiseite, so bleiben doch als traurige Wahrheit in der Mitte die dreiunddreißig Luftangriffe zwischen 1940 und 1945 – mit der völligen Vernichtung des Altstadtkerns am 22. März 1944. Zwei Jahre danach war Max Frisch in der Stadt. Er notierte im Tagebuch: »Wenn man in Frankfurt steht, zumal in der alten Innenstadt, und wenn man an München zurückdenkt: München kann man sich vorstellen, Frankfurt nicht mehr. Eine Tafel zeigt, wo das Goethehaus stand. Daß man nicht mehr auf dem alten Straßenboden geht, entscheidet den Eindruck: die Ruinen stehen nicht, sondern versinken in ihrem eigenen Schutt, und oft erinnert es mich an die heimatlichen Berge, schmale Ziegenwege führen über die Hügel von Geröll, und was noch steht, sind die bizarren Türme eines verwitterten Grates; einmal eine Aborttröhre, die in den blauen Himmel ragt, drei Anschlüsse zeigen, wo die Stockwerke waren. So stapft man umher, die Hände in den Hosentaschen, weiß eigentlich nicht, wohin man schauen soll.«

Die Trümmer, die Max Frisch beschreibt, sind abgeräumt, eine neue Wirtschaftsmetropole wuchs aus den Ruinen. Wer sich heute auf einen historischen Stadtbummel macht, der muß schon ein bißchen Phantasie mitbringen, wenn er hinter den glitzernden Fassaden, die rundum in den Himmel streben, das alte Frankfurt noch erkennen will. Und das gilt im besonderen für den, der die Stadt in ihren literarischen Orten sucht, also den Spuren folgt, die Dichter in Frankfurt und Frankfurt in der Dichtung hinterlassen haben. Denn Hilfe waltet nur spärlich. Zwar gibt es, über das ganze Stadtgebiet verstreut, rund 250 Gedenktafeln zu allen möglichen geschichtlichen Ereignissen und Personen, aber der Weg zu ihnen wird geheimgehalten, man muß ihn sich Stück für Stück erobern. Ein eigener Reiz freilich für den Büchermenschen. Er ist ja gewohnt, sich die Welt im Kopf zusammenzusetzen; und nicht viele Städte bieten ihm so viel Material dazu wie Frankfurt.

In acht Spaziergängen also wollen wir die alte Literaturstadt erschließen. Die Touren, jeweils zwei bis drei Stunden lang, beginnen und enden an markanten Punkten im Zentrum, die auch mit den städtischen Verkehrsmitteln gut zu erreichen sind. Die größeren Sehenswürdigkeiten am Wege werden nicht vergessen, wohl aber die kleineren Dichter. Und auch auf fast alle Durchreisenden können wir getrost verzichten. Wer in der Stadt nur übernachtet und dann ein paar freundliche Worte gefunden hat, der mag uns gelegentlich begleiten, aber wir werden seinetwegen nicht andächtige Station machen. Es muß einer schon in einem engeren persönlichen Verhältnis zu Frankfurt gestanden oder ihm ein besonderes Plätzchen in der Literatur angewiesen haben, wenn wir seiner mit einem ausführlichen Zitat gedenken. Bedeutende Kollegen aus anderen Künsten und Wissenschaften – Maler, Musiker wie Philosophen – nehmen wir dagegen gern in unsere historische Führung auf, wenn gute Reden sie begleiten. Denn in der Kunst, sagt unser Goethe, ist das Beste gut genug.

Großer Hirschgraben:
Der Eingang zum Goethehaus

»Von Zeit zu Zeit seh' ich den Alten gern«

Erster Spaziergang: Vom Hauptbahnhof übers Goethehaus zur Hauptwache

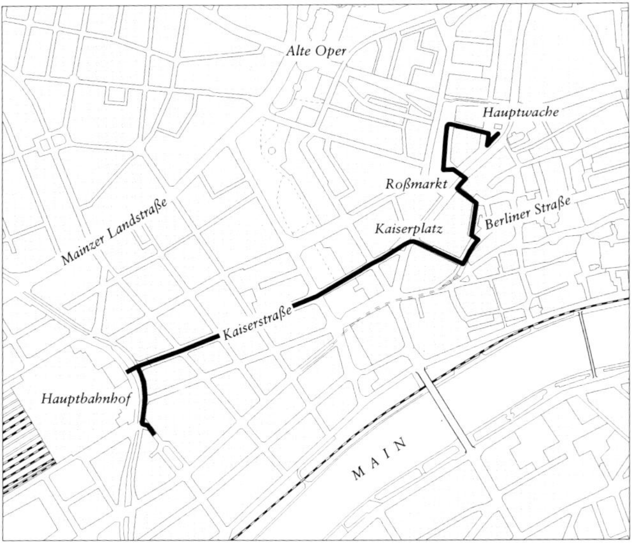

Am Hauptbahnhof – Wiesenhüttenstraße – Am Hauptbahnhof – Kaiserstraße – Kaiserplatz – Bethmannstraße – Berliner Straße – Großer Hirschgraben – Am Salzhaus – Roßmarkt – Goetheplatz – Steinweg – Roßmarkt – Hauptwache

Ein literarischer Führer durch Frankfurt müßte natürlich im Goethehaus anfangen, wo der große Sohn der Stadt, der größte Dichter des Landes, einer der Großen der Welt, geboren wurde. Dann müßte man den Spuren des jungen Goethe folgen durch die Altstadt des 18. Jahrhunderts, mit ihm die erste Liebe erleben, die fürstlichen Feste bestaunen – und an den frühen Dramen arbeiten. Dann könnte man, während der Frankfurter »Hätschelhans« auswärts zum Klassiker wird, zwar ein bißchen umherschauen, wer vor, neben und nach Goethe sich etwa noch eingeschrieben hat in die Literaturgeschichte der Stadt; aber bald müßte man zurückkehren mit dem Geheimen Rat aus Weimar, der sich gern in der Kutsche durch die Vaterstadt fahren ließ, mit der jungen Frau eines alten Bankiers am *West-östlichen Divan* reimte und im großen Freundeskreis seinen 66. Geburtstag zelebrierte. So hätten wir am Ende einen Goetheführer, aber keinen allgemeinen literarischen Begleiter, der auch in der modernen Stadt die Übersicht behält und den Besucher jeweils von repräsentativen Ausgangspunkten zu unverkennbaren Zielen bringt. Goethe kann hier nur einer unter vielen sein; wo er am Wege steht, wollen wir ihn freilich jedesmal gebührend begrüßen. Es wird sich nicht vermeiden lassen, daß wir ihm öfter begegnen, selbst wenn wir noch so weit ausholen auf unseren Spaziergängen.

Die erste Tour beginnt am Hauptbahnhof. Er galt denen, die ihn am 18. August 1888, damals noch einen halben Kilometer vor der Stadt, eröffneten, als das »achte Weltwunder« mit seinen achtzehn Gleisen, drei Bahnsteighallen und einem Empfangsgebäude, das in seiner monumentalen Pracht selbst gründerzeitlich überhebliche Raummaße zu sprengen drohte. Alfons Paquet, der Frankfurter Chronist und feuilletonistische Weltenbummler, feierte das stolze Bauwerk noch zwanzig Jahre später im angemessenen Sprachstil:

»Die hohe weite Eisenhalle braust, ein Stöhnen, Stoßen,
Knirschen, Klirren und Donnern hallt da innen
Von Eisenzügen, die den Port gewinnen.
Gewölbte Dämmrung. Mit gewaltig großen
Trüben Glaswänden fängt-umfängt sie Rauch und Licht,
Lärm, Ruh und Eile; fahler bricht
Des Himmels Blau durch ihres Giebels Bogen,
Laternen glühn tiefrot, rubinengleich,
Wie Sterne klar als Zeichen hochgezogen.«

Vor dem Port der Eisenzüge die Frankfurter Visitenkarte. Früher standen hier die Hotelpaläste im Halbrund, der Russische Hof, das Bristol, das Carlton, nun dominieren Fluggesellschaften und Reisebüros. Wenn wir den Platz »Am Hauptbahnhof« überqueren, finden wir, links von der Kaiserstraße, an der Gründerzeitfassade mit der Nr. 10 immerhin noch die steingemeißelte Inschrift »Bürohaus Englischer-Hof« – und rechts am Haus Nr. 4 neben dem Eingang zum Restaurant »Dippegucker« eine Gedenktafel für Oskar Schindler, der in der Zeit des Nationalsozialismus mehr als 1200 Juden vor dem Konzentrationslager rettete. Er lebte nach dem Krieg weitgehend unbeachtet fast zehn Jahre lang in diesem Haus; erst nach seinem Tod entdeckte ihn wenigstens Hollywood. Gehen wir noch ein paar Schritte weiter am Lufthansa City Center vorbei nach links in die Wiesenhüttenstraße, stehen wir endlich vor den ersten Bahnhofs-Herbergen der neueren Generation. An der Stelle des »Scandic Crown« mit dem Restaurant Savoy stand noch bis Ende der sechziger Jahre das alte Savoy-Hotel, auf dessen Dach Anna Seghers eine spektakuläre Verfolgungsszene ihres Romans aus Hitlerdeutschland, *Das siebte Kreuz*, ansiedelte.

Ein gutes Jahrzehnt davor hatte das Hotel eine sehr viel erfreulichere literarische Rolle gespielt. Im September 1928 schreibt der amerikanische Schriftsteller Thomas Wolfe aus dem »Savoy« an die »liebe Aline« (Bernstein): »Jetzt werde ich Dir etwas ganz Großes berichten – Du wirst es nicht glauben, aber zufällig ist es wahr. Heute machte ich mit einem großen Autobus die Rundfahrt durch die Stadt; als ich um halb vier auf dem Bahnhofsplatz einstieg, war der Bus schon voll von großen, handfesten Deutschen – nur zwei Plätze waren noch frei, und neben dem einen saß ein Herr, der rasch zu mir aufblickte, als ich durch den Gang kam. Er lächelte nervös und sagte ganz schnell auf englisch: ›Setzen Sie sich hierher.‹ Ich setzte mich neben ihn; er zog die Knie an und rückte zur Seite, als ob er sich vor mir fürchtete. Der Herr war James Joyce. Vielleicht hat er mich wiedererkannt von damals, als wir im September vor zwei Jahren den Ausflug von Brüssel nach Waterloo gemacht haben. Er wirkte viel älter, ganz gebeugt, aber sehr elegant angezogen – das heißt, besser als damals, und an Stelle der einen schwarzen Augenklappe trug er in der Sonne eine dunkle Brille, während er in Innenräumen eine gewöhnliche Brille aufsetzte.«

Der literarische Gipfel im Frankfurter Touristenbus blieb ohne Folgen: Thomas Wolfe war zu schüchtern, er sprach Joyce nicht an, obwohl sie noch bis zum Goethehaus gemeinsam fuhren. Was wäre aus dieser Begegnung geworden, wenn die Herren zu Fuß gewesen wären! Sie hätten, wie jetzt wir, den Weg durch die Kaiserstraße genommen, vom Bahnhof durch ein großes Vergnügungsviertel direkt ins Herz der Stadt. Schon an der ersten Querstraße hätten sie haltgemacht, vor der Tanzbar Astoria, wo Roda Roda gastierte, der ehemals kaiserlich-königliche Offizier auf der Kleinkunstbühne, wo Fred Endrikat seine launigen Brettl-Verse vortrug und der ewig betrunkene Joachim Ringelnatz Stammgast-Rezitator war. Das Haus, Ecke Moselstraße 22 / Kaiserstraße 69, birgt heute im Erdgeschoß ein technisch hochgerüstetes Radiogeschäft, vom zweiten Stock an bröckelt noch etwas Gründerzeit ab; gegenüber lockt »Dr. Müller's international Erotic-Center« mit fünf Kinos zum schnellen Genuß. Aber Ringelnatz schwebt wie ein Panoptikums-Gespenst noch immer über der Straßenkreuzung, zum Beispiel mit einem im Januar 1924 geschriebenen Gedicht:

Frankfurt am Main

Hier hab' ich den Teufel gesehn.
Er ging durch die schnurrigen Gassen
Und hat etwas fahren lassen
Abends vor zehn.

Fand wieder Freunde lieb und wert.
Und haben manche mich entdeckt.

Ich weiß: der Apfelwein schmeckt
Gut, aber er zehrt.

Wie du mich wohl wiedersiehst?!
Ich habe vor steifen Leuten
Einen Pferdeapfel gespießt.
Ob die sich innerlich freuten?

Mag es hier billig, teuer,
Interessant oder langweilig sein.
Mir ist dies Frankfurt am Main
So angenehm nicht recht geheuer.

Und mir gefällt's.
So nehme ich jede Fremde,
Als schliche ich nachts im Hemde
Durch Korridore eines Hotels.

Der literarische Spaziergänger läßt sich weder durch Ringelnatz noch durch eines der hier abzweigenden Seitensprungsträßchen vom rechten Weg abbringen Er wandert also weiter die Kaiserstraße entlang, direkt auf die drei gläsernen Banktürme zu, die heute neu versprechen, was den französischen Erzähler Joris-Karl Huysmans an dieser Stelle schon am Anfang des Jahrhunderts beunruhigte: »Der Luxus von Frankfurt am Main macht mich rasend, weil er unaufhörlich ist.« Links also glitzert das mit seinen 167 Metern geradezu bescheidene Gebäude der Dresdner Bank, in der Mitte die fast hundert Meter höhere Commerzbank, rechts der Turm des Europäischen Währungsinstituts. Wir überqueren die Elbe- und die We-

Repräsentative Herberge:
Hotel Frankfurter Hof am Kaiserplatz

serstraße – und schon stehen wir den beiden letztgenannten wolkenkratzenden Geldherren direkt gegenüber. Als Dritter im Bunde aber behauptet sich hier, in der Gallusanlage vor der Commerzbank, nun doch überraschend erstmals jener Frankfurter Riese, dem wir noch oft begegnen werden: Johann Wolfgang von Goethe. Das stattliche Denkmal von Ludwig Schwanthaler aus dem Jahre 1844 präsentiert den Dichter aufrecht im wallenden Mantel, den Lorbeer lässig in der Hand, auf reliefgeschmücktem Sockel. Vorn die Allegorien von Naturwissenschaft, Dramatik und Lyrik, zur Linken Orest und Thoas mit Iphigenie sowie Faust und Mephisto, auf der Rückseite der Götz von Berlichingen, Egmont und Tasso, die Braut von Korinth, den Sargdeckel hebend, sowie Prometheus und der Erlkönig mit dem Knaben im Arm; zur Rechten komplettieren Mignon mit Wilhelm Meister und dem Harfner sowie Hermann und Dorothea den bildlichen Goethe-Schnellkurs am Eingang zur inneren Stadt.

Die Kaiserstraße führt uns, über die Neue Mainzer Straße hinweg, noch bis zum Kaiserplatz, an dessen rechter Seite die Sandstein-Arkaden des »Frankfurter Hofs« nicht nur aus der hundertzwanzigjährigen Geschichte eines ehrwürdigen Grandhotels erzählen, sondern auch von einem Grundstück, auf dem davor das Haus »Zum Weißen Hirsch« stand, das dem Bankier Gontard gehörte. Hier las der junge Hauslehrer Hölderlin Susette Gontard, der Gattin des Bankiers, gern aus den neuesten Büchern vor, während der Hausherr Jakob Friedrich auswärts zu tun hatte. Nur die Haushälterin störte das literarisch-erotische Glück, wie Carl Jügel, ein Freund der Familie, anschaulich berichtet: »Sie wußte es so einzurichten, daß sie dem Herrn Jakob Friedrich selbst die Türe öffnen mußte, wenn er am Abend heimkehrte, und wenn er dann die stereotype Frage: ›ist meine Frau zu Hause?‹ an sie richtete, so wußte sie ihrer sich häufig wiederholenden Antwort: ›Herr Hölderlin liest vor‹, nach und nach eine Betonung zu geben, die endlich in einem Momente übler Geschäftslaune wie ein zündender Funke wirkte. Mit dem nicht sowohl Eifersucht, als vielmehr beleidigten Stolz verratenden Ausrufe: ›sitzt denn der Mensch beständig bei meiner Frau!‹ stürzte er ins Zimmer und auf Hölderlin zu. Ein jäher Zorn übermannte den jungen, sich schuldlos wissenden Dichter, und es würde zur ärgerlichsten Szene gekommen sein, hätte nicht ein Blick auf die erschrockene Herrin ihm seine ganze Fassung wiedergegeben. Rasch verließ er das Zimmer, packte seinen Koffer und kehrte noch in derselben Nacht einem Hause und damit Verhältnissen den Rücken, die ihn um so höher beglückt hatten, je reiner er sich derselben bewußt sein konnte.«

Wie rein oder unrein die Verhältnisse tatsächlich waren, wird sich bei späteren Spaziergängen (Nr. 4 und 7) noch zeigen. Jetzt aber gehen wir erst einmal nach rechts in die Bethmannstraße, am Hoteleingang vorbei, biegen bei erster Gelegenheit links ab, und dann gleich noch einmal links – und stehen im Großen Hirschgraben. Hier wurden früher die Hirsche für die alljährlichen Festessen des Rats herangezogen, heute parken die Touristenbusse vor dem Haus Nr. 23 mit den kunstvoll zur Straße gewölbten Fensterkörben im Erdgeschoß und den winzigen Sprossenfenstern auf dem schiefergedeckten Mansarddach. Hier war es also, wo Johann Wolfgang Goethe am 28. August 1749, »mittags mit dem Glockenschlag zwölf«, zur Welt kam. »Die Konstellation war glücklich«, schrieb er sehr viel später im ersten Buch von *Dichtung und Wahrheit*: »die Sonne stand im Zeichen der Jungfrau und kulminierte für den Tag; Jupiter und Venus blickten sie freundlich an, Merkur nicht widerwärtig; Saturn und Mars verhielten sich gleichgültig; nur der Mond, der soeben voll ward, übte die Kraft seines Gegenscheins um so mehr, als zugleich seine Planetenstunde eingetreten war. Er widersetzte sich daher meiner Geburt, die nicht eher erfolgen konnte, als bis diese Stunde vorübergegangen. Diese guten Aspekten, welche mir die Astrologen in der Folgezeit sehr hoch anzurechnen wußten, mögen wohl Ursache an meiner Erhaltung gewesen sein: denn durch Ungeschicklichkeit der Hebamme kam ich für tot auf die Welt, und nur durch vielfache Bemühungen brachte man es dahin, daß ich das Licht erblickte.«

Sechsundzwanzig Jahre lang blieb Goethe, mit Unterbrechungen, im Elternhaus. Hier hielt er seine Sturm und Drang manifestierende Rede *Zum Schäkespears Tag*, hier schrieb er den *Götz von Berlichingen*, den *Clavigo* und die erste Fassung der *Stella*, den Briefroman von den *Leiden des jungen Werthers*, die ersten *Faust*-Szenen und die deftigen Namen und Verse zu *Hanswursts Hochzeit*. Dann ging der junge Herr nach Weimar, das Haus wurde total umgebaut, 1795 verkauft und am 22. März 1944, am Todestag des Dichters, bis auf den Grund zerstört. Der detailgenaue Wiederaufbau gelang schon sieben Jahre später, vor allem deshalb, weil die meisten Einrichtungsgegenstände während des Krieges rechtzeitig ausgelagert worden waren. Wer also heute, vorbei am neuen Gartensaal, den weitläufigen Hausflur betritt und gleich nach rechts in die wohl-

Genialischer Schreibtisch:
Jung-Goethes Arbeitszimmer

sortierte Küche schaut, der gewinnt einen recht guten Einblick in den Lebensraum des Junggenies. Unten das Reich der stolzen Mutter, die selbst der Besuch Herzog Augusts von Weimar nicht aus der Fassung brachte (»Vor Fürsten fürchte ich mich nicht, ich kann kochen«), oben im dritten Stock das Zimmer des dichtenden Sohnes mit dem Schattenriß von Charlotte Buff, dem Vorbild für die Werther-Lotte, an der Wand neben der Tür. Dazwischen ein nobles Treppenhaus mit mächtigen geschnitzten Renaissance-Schränken auf jedem Vorplatz – »Das ist deine Welt! Das heißt eine Welt!« sagt Faust im großen Auftrittsmonolog von der Tragödie erstem Teil.

Wie es draußen aussah, vor der Tür, wenn der junge Goethe seine bürgerliche Hauswirtschaft verließ und über den Großen Hirschgraben hineinspazierte in seine mittelalterliche Vaterstadt, das beschreibt dagegen der höhnische Mephisto (im vierten Akt des zweiten *Faust*):

»Ich suchte mir so eine Hauptstadt aus,
Im Kerne Bürger-Nahrungs-Graus,
Krummenge Gäßchen, spitze Giebeln,
Beschränkten Markt, Kohl, Rüben, Zwiebeln;
Fleischbänke, wo die Schmeißen hausen,
Die fetten Braten anzuschmausen;
Da findest du zu jeder Zeit
Gewiß Gestank und Tätigkeit.
Dann weite Plätze, breite Straßen,
Vornehmen Schein sich anzumaßen;
Und endlich, wo kein Tor beschränkt,
Vorstädte grenzenlos verlängt.
Da freut' ich mich an Rollekutschen,

Am lärmigen Hin- und Widerrutschen,
Am ewigen Hin- und Widerlaufen
Zerstreuter Ameis-Wimmelhaufen.«

Noch hundert Jahre später sah die Frankfurter Wirklichkeit aus wie in der Weimarer Dichtung. Als der schottische Schriftsteller Robert Louis Stevenson, der *Die Schatzinsel* schreiben sollte und *Der seltsame Fall von Dr. Jekyll und Mr. Hyde*, als junger Student in einem Parallelsträßchen zum Großen Hirschgraben logierte, erlebte er das Quartier wie Abenteuer- und Horrorgeschichte zusammen. Am 4. August 1872 berichtet er dem »lieben Vater« aus der Rosengasse 13, »an dem Briefkopf wirst du erkennen, daß wir endlich ein möbliertes und ungeheuer schäbiges Zimmer gemietet haben. Die Rosengasse ist etwa zwanzig Fuß breit, schätze ich. Obwohl wir im zweiten Stock und oben im Haus sind, hat die Straße eine vierte und sogar fünfte Reihe von Fenstern in den steilen Dächern oder in den schiefergedeckten Giebeln. Stockwerk über Stockwerk wölbt sich über dem darunterliegenden hervor, bis es so aussieht, als würden beide Seiten sich treffen und sich über der Gasse die Hände schütteln.«

Die Rosengasse, damals das Rotlichtviertel in Frankfurt, existiert nicht mehr. Schon 1938 wurde sie abgerissen und überbaut. Wer heute aus dem Goethehaus tritt und, am erschreckend großzügig sanierten Goethe-Museum mit seinen reichen Gemälde- und Handschriftenschätzen aus der Goethe- und Romantikerzeit vorbei, den Großen Hirschgraben nach links zu Ende geht, der steht schon nach wenigen Schritten mitten in der Neuzeit: vor dem autofreundlich geformten Betonklotz eines Parkhauses.

Wir kehren ihm schnell den Rücken und wenden uns in der Straße »Am Salzhaus« nach links zum Roßmarkt. Der langgestreckte Platz, auf dem seit dem Mittelalter vor allem zu Messe- und Kriegszeiten der Pferdehandel florierte, wurde im 18. und 19. Jahrhundert zur ersten Adresse Frankfurts. Hier wohnte der Weingroßhändler Gogel, in dessen Haus »Zur Goldenen Kette« der junge Hölderlin seinem Tübinger Stiftsfreund Friedrich Hegel eine angenehme Hauslehrerstelle vermittelte, hierher zog Goethes Mutter nach dem Verkauf des alten Hauses am Großen Hirschgraben, hier wurde im September 1798 das erste Hotel »Zum Englischen Hof« eröffnet, an dessen Table d'hôte Arthur Schopenhauer siebenundzwanzig Jahre lang Stammgast war. Und hier an der Ecke, Am Salzhaus/Kaiserstraße 1, wo heute ein großes Geschäft für Uhren, Schmuck und Parfüms in den Glaspalast bittet, stand das Cronstetten-Hynspergische Damenstift.

Die berühmteste Bewohnerin dieses ausschließlich für adelige evangelische Fräulein gegründeten Hauses war Karoline von Günderode. Befreundet mit den Brentanos, Clemens und Bettina, dazu unglücklich verliebt in den preußischen Juristen Friedrich Karl von Savigny, fing sie bald selber an zu schreiben: Gedichte, Dramen, Prosastücke – und vor allem Briefe. Die schönste (und schrecklichste) Korrespondenz führte sie schließlich mit dem Heidelberger Altphilologen Friedrich Creuzer, der seine Briefleidenschaft allerdings nicht so konsequent ins Leben verlängerte, wie es sich die romantische Stiftsdame erhofft hatte: Am 26. Juli 1806 fuhr sie nach Winkel am Rhein und erstach sich mit einem Dolch, den sie auf der Frankfurter Messe erworben hatte. »Es giebt nur zwei Le-

Schwarze Kunst:
Gutenberg-Denkmal auf dem Roßmarkt

ben«, schrieb sie einmal, »das gemeine (das schlechter ist als wir) und das höhere; viele Menschen schweben zwischen beiden, der wahre Künstler steht ganz in letzterm, es ist die wahre Seligkeit, und wer es einmal betretten der ist der Welt ohne Rettung verlohren.«

Vielleicht, wer weiß, kommt ein Teil dieses Unglücks aus dem Buchdruck. Der Erfinder der Schwarzen Kunst mit gegossenen beweglichen Lettern spielt in Frankfurt natürlich eine besondere Rolle. Die abenteuerliche Geschichte, daß der alte Meister Johannes vor seinen Straßburger und Mainzer Gläubigern zu seiner Frankfurter Nichte geflohen sei und sich hier für den Lebensabend eingerichtet habe, mag erfunden sein. Fest steht aber – und immerhin Enea Silvio Piccolomini bezeugt es –, daß »jener erstaunliche Mann« immer wieder Kostproben seiner Bibeldruckarbeiten auf der Messe am Main vorführte. Man ließ ihm also in dieser Stadt zu Recht (von Eduard Schmidt von der Launitz im Jahre 1858) ein stattliches Denkmal auf dem Roßmarkt bauen, mit drei lebensgroßen Erzfiguren obenauf: Gutenberg in der Mitte, links sein hartnäckiger Gläubiger Hans Fust, rechts der Geselle Peter Schöffer. Die vier nachdenklichen Damen zu ihren Füßen symbolisieren Theologie und Poesie, Naturwissenschaft und Industrie.

Die kleine Verkehrsinsel-Anlage, in der das Denkmal heute steht, setzt sich nach Norden fort in den Goetheplatz, an dessen Ende – an der bronzenen Stele des Pomodoro-Brunnens – links die Goethestraße, die eleganteste Geschäfts-Promenade der Stadt, in den Luxus lockt. Der literarische Spaziergänger aber läßt sich vom bloßen Namen diesmal nicht zu einem Umweg verleiten, er versagt sich Laura Ashley, Chanel und Louis Vuitton und biegt genau gegenüber nach rechts ab in den Steinweg. Das Haus Nr. 12 auf der linken Seite, heute eine Großbuchhandlung mit blauer Fassade, trägt eine Gedenktafel neben dem Eingang, die den historischen Ort beschreibt: Bis zur Zerstörung 1944 stand hier das Hotel Schwan, in dem Otto von Bismarck und Jules Favre am 10. Mai 1871 nach dem Deutsch-Französischen Krieg den »Frankfurter Frieden« unterzeichneten. Natürlich hat der vornehme Gasthof, als Haus »Zum Weißen Schwan« schon im 14. Jahrhundert bekannt, auch eine lange literarische Geschichte, denn das Essen war gut, und Dichter sind nicht immer Kostverächter.

Wilhelm Hauff läßt im zweiten Teil seiner *Mittheilungen aus den Memoiren des Satans* sogar den Teufel hier leibhaftig Quartier nehmen und über die hiesigen Verhältnisse schwadronieren: »Kommt man um die Zeit des Pfingstfestes nach Frankfurt, so sollte man meinen, es gebe keine heiligere Stadt in der Christenheit; denn sie feiern dasselbst nicht wie z.B. in Baiern 1 ½, oder, wie im Calender vorgeschrieben, 2 Festtage, sondern sie rechnen vier Feiertage; die Juden haben deren sogar fünf, denn sie fangen in Bornheim ihre heiligen Übungen schon am Samstag an, und der Bundestag hat sogar acht bis zehen. … Muß ein so aufgeweckter Sinn den Teufel nicht erfreuen, der an solchen Tagen mehr Seelen für sich gewinnt, als das ganze Judenquartier in einer guten Börsestunde Gulden? Auch dießmal wieder kam ich zu Pfingsten nach Frankfurt. Leuten, die von einem berühmten Belletristen verwöhnt, alles bis aufs kleinste Detail wissen wollen, diene zur Nachricht, daß ich im weißen Schwanen auf

Nr. 45 recht gut wohnte, an der großen Table d' Hôte in angenehmer Gesellschaft trefflich speiste, den Küchenzettel mögen sie sich übrigens von dem Oberkellner ausbitten.«

Wir verlassen die Tafel, gehen den Steinweg noch ein paar Schritte weiter bis zum Ende – und stehen wieder am Roßmarkt. Am zweiten Haus gleich rechts an der Ecke erzählt eine Inschrift neben dem Eingang zur Sparkasse, daß hier im Haus »Zum Goldenen Brunnen« Katharina Elisabeth Goethe, die Mutter des Dichters, wohnte von 1795 bis zu ihrem Tod im Jahre 1808. Die Frau Rat war eine begnadete Briefschreiberin, selbstverständlich ließ sie sich auch die ausführliche Kommentierung ihres neuen Quartiers nicht entgehen. Am 16. Mai 1775 schrieb sie also in gewohnt entwaffnender Orthographie ihrem »lieben Sohn« unter vielem anderen nach Weimar: »Nun hatte ich ein Ideal im Kopfe – worann ich selber zweifelte obs zu finden seyn dürfte – denn Erstlich sollte es nicht weit von meiner jetzigen Wohnung entfernt seyn, weil alle meine besten Freunde um den Fleck herum wohnen – Fingerlings – Metzler – Stocks – Hetzler – Moritz u. s. w. Zweytens sollte es eine schöne Aussicht haben – drittens 3 Zimmer an einer Reihe – und virtens alles was zur Haußhaltung gehört – großer Vorplatz – Küche – Speißekammer auf einer Etage. Gleich den Tag nach unterschriebener Punctation komt ein Mackler – und bietet mir ein logi mit allen oben benanten und verlangten Eigenschafften an – Auf dem Roßmarckt im Goldenen Brunnen – ja sage ich das mag wohl recht hübsch seyn aber es ist zwey Treppen hoch – Das sehen haben sie umsonst sagte der Mann – und wohl mir daß ich diesen klugen Rath annahm – einen Tag

Gemütlicher Mittelpunkt:
Die Hauptwache

später und mein Ideal war an andre vermiettet – zum Haarausreißen wäre es gewiß gekommen!«

Frau Rat hatte recht. Sie war nun im Zentrum und hatte einen wunderbaren Ausguck. Gegenüber die Katharinenkirche, in der ihr großer Sohn getauft und konfirmiert wurde, zur Linken das reich geschmückte Buntsandsteingebäude der Hauptwache, vor dem die Stadtsoldaten exerzierten und die Zivilisten auf die Promenade gingen. Erst Anfang des 20. Jahrhunderts wurde aus dem freundlichen Wachlokal und praktischen Studentengefängnis ein Café, in dem man noch heute – nach Zerstörung und Wiederaufbau, dann Abriß und neuer Rekonstruktion – gern an die guten alten Zeiten denkt. Und an ihre schrecklichen Gebräuche. Denn das barocke Häuschen mit seinen reizenden Dachstubenfenstern war ja nicht immer nur ein Ort des Amüsements. Am 14. Januar 1772 zum Beispiel gab es auf dem Platz vor der Hauptwache, der auch als Schafott-, Galgen- und Prangerstätte diente, das schlimme Schauspiel der Enthauptung von Susanna Margarethe Brandt. Johann Wolfgang Goethe, damals zweiundzwanzig Jahre alt und gerade dabei, als frischgebackener »Licentiatus Juris« im Frankfurter Elternhaus eine Anwaltspraxis zu eröffnen, erwähnt die schaurige Begebenheit später im Lebensrückblick nur indirekt als einen unter mehreren »gräßlichen Auftritten«. Aber der literarische Spaziergänger, der sich nun am Ende der ersten Tour einen Kaffee in der Wache genehmigen kann, weiß natürlich, daß das Schicksal der unglücklichen Kindsmörderin bedeutende Spuren hinterlassen hat – bekannt als »Gretchentragödie« im *Faust*.

Wehrhaftes Wahrzeichen:
Der Gerechtigkeitsbrunnen auf dem Römerberg

»Was tun? spricht Zeus. Die Welt ist weggegeben«

Zweiter Spaziergang: Von der Hauptwache über die Zeil durch die östliche Altstadt

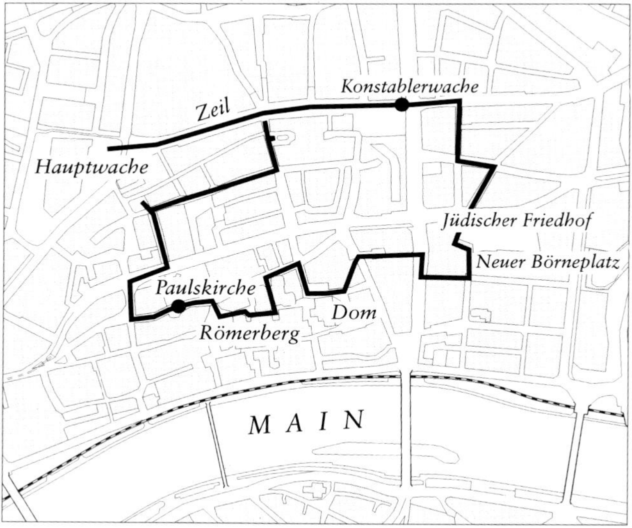

An der Hauptwache – Zeil – Konstablerwache – Zeil – Klingerstraße – Allerheiligenstraße – Stoltzestraße – Neuer Börneplatz – Rechneigraben – Dominikanergasse – Fahrgasse – Hainerhof – Kannengießergasse – Domplatz – Domstraße – Braubachstraße – Technisches Rathaus – Markt – Römerberg – Paulskirche – Bethmannstraße – Buchgasse/Kornmarkt – Berliner Straße – Sandgasse – Friedrich-Stoltze-Platz – Bleidenstraße – Töngesgasse – Hasengasse – Zeil

»›*Nehmt hin die Welt!*‹ rief Zeus von seinen Höhen / Den Menschen zu. ›Nehmt, sie soll euer sein!‹« Als Friedrich Schiller dem Kollegen Goethe sein Gedicht *Die Teilung der Erde* schickte, fügte er den Rat bei, man solle es am besten mit Blick auf die Zeil lesen. Die Kaufhausschlucht zwischen Haupt- und Konstablerwache war schon damals der Mittelpunkt dessen, was Schiller das »prosaische Frankfurt« nannte. Vor gut sechshundert Jahren als Viehmarkt angelegt, ist die Einkaufsmeile heute die umsatzstärkste ihrer Gattung in Deutschland. Eine Straße natürlich auch zum Flanieren, zum Sehen und Gesehenwerden. Heinrich Heine will hier sogar eine Eroberung gemacht haben. In seinem, den Anlaß entsprechend lang in fünfzehn Strophen auskostenden, Gedicht *Erinnerung* heißt es in der noch frohen Mitte:

»Ich ging die Zeil entlang, die schöngebaute,
Es war die Messe just, die Schacherzeit,
Und bunt war das Gewimmel, und ich schaute
Wie träumend auf des Volks Geschäftigkeit.

Da sah ich Sie! Mit heimlich süßem Staunen
Erblickt ich da die schwebende Gestalt,
Die selgen Augen und die sanften Braunen –
Es zog mich hin mit seltsamer Gewalt.

Und über Markt und Straßen gings, und weiter,
Bis an ein Gäßchen, schmal und traulich klein –

Prosaische Einkaufsschlucht:
Die Zeil

Da dreht sich um die Holde, lächelt heiter,
Und schlüpft ins Haus – ich eile hinterdrein.«

Der literarische Spaziergänger bleibt diskret zurück. Er überquert an der Hauptwache die Große Eschenheimer Straße, schlendert am Kaufhof vorbei und freut sich über die vielen jungen Bäumchen, die seinen Weg begleiten in der Mitte zwischen den Geschäften links und rechts. Man muß sich vorstellen, daß die Zeil im 18. Jahrhundert ein Ort der bürgerlichen Repräsentation wurde, daß vor den Warenhäusern die großen Hotels waren, in denen Kaiser abstiegen und große Künstler, später natürlich auch die zum ersten Deutschen Bundestag entsandten Diplomaten aus aller Herren Länder. Das Kaufhaus Hertie zum Beispiel, das wir nach Überquerung der Stift- und Brönnerstraße an der Ecke Schäfergasse erreichen, steht genau auf dem Platz, den einst das Hotel »Zum Römischen Kaiser« einnahm. Hier wohnten einmal Karl VII., Maria Theresia, Joseph II. und – Henriette Sontag. Die weltberühmte Operndiva, die im November 1827 erstmals in Frankfurt gastierte, war nicht nur, wie es damals in der Zeitung hieß, eine »Heldin des Gesanges«, sondern auch eine wahrhaft Liebende. Dem Oberkellner Charles Keller schrieb sie kurz nach ihrer Abreise: »Schon seit dem ersten Augenblick als ich Ihr Hotel bestieg machten Sie einen bleibenden Eindruck auf mich, der zur flammenden Liebe genährt wurde durch Ihre Güte, durch Ihre Zuvorkommenheit, durch Ihr gefälliges Benehmen gegen mich. – Nein, es kann Ihnen unmöglich fremd geblieben seyn, wenn Sie mein Äußeres beobachtet haben, wenn Sie bei Ihrem Eintritt in mein Zimmer mein jedesmaliges Erröthen, mein Zittern, mein banges Herzklopfen bemerkt haben; es ist unmöglich. Sie müssen es wahrgenommen haben, daß ich Sie liebe! Und doch Sie Grausamer ließen Sie das arme Mädchen schmachten in Ihren Gefühlen reiner Liebe zu Ihnen, gingen gleichgültig an mir vorüber und wollten meinen Kummer und meinen Schmerz nicht bemerken und zwangen mich dadurch Ihnen dies Geständnis darzubringen. O warum bin ich jahrelang fest engagirt?« Die leidenschaftliche Künstlerin heiratete bald darauf einen sardinischen Diplomaten; der tüchtige Oberkellner aber ging, gewissermaßen durch die Dienstbotentür, auch noch in die Literaturgeschichte ein: Goethes getreuer Gesprächspartner Johann Peter Eckermann schwärmt in seinem Frankfurter Reisetagebuch im Jahre 1830 kaum weniger als die Sängerin von der erlesenen Art Charles Kellers.

Wir überqueren die Schäfergasse und stehen, an der nächsten Straßeneinmündung, auf einem weiten quadratischen Platz, der keinen Namen hat, nur eine historisch beglaubigte U-Bahn-Haltestelle: Konstablerwache. Hier also war das Revier der Artilleristen, später der Jugend und der Lebewelt – im Grunde bis heute. Der Spaziergänger freilich sucht sein Heil jenseits des Verkehrsknotenpunktes; er folgt der Zeil über die breite Kurt-Schumacher-Straße hinweg und geht dann hinter dem Neckermann-Reisebüro nach rechts in die Klingerstraße. Das Geburtshaus des Dichters, nach dem das Sträßchen heißt, stand an der übernächsten Straßenecke, heute Allerheiligenstraße Nr. 15, wo – ein paar Meter links von der Klingerstraße – ein großes türkisches Obst- und Gemüsegeschäft residiert. Kein unpassender »Nachmieter« für den weltläufigen Friedrich Maximilian von Klinger, der es schließlich zu hohen militärischen Würden am russischen Zarenhof brachte.

In seiner Jugend aber war er, ein enger Freund des etwa gleichaltrigen Goethe, eines jener »Originalgenies«, die der dramatischen Kunst jener Zeit einen neuen Stil verpaßten, getragen von einem überhitzten, flammenden Pathos. Sein Schauspiel *Der Wirrwarr*, das unter dem zweiten Titel *Sturm und Drang* der ganzen Bewegung den Namen geben sollte, schlägt schon mit den ersten Sätzen, gesprochen von einem jungen Menschen namens Wild (!), den Ton an: »Hey da! nun einmal in Tumult und Lermen, daß die Sinnen herumfahren wie Dach-Fahnen beym Sturm. Das wilde Geräusch hat mir schon so viel Wohlseyn entgegen gebrüllt, daß mir's würklich ein wenig anfängt besser zu werden. So viel Hundert Meilen gereiset um dich in vergessenden Lermen zu bringen – Tolles Herz! du sollst mirs danken! Ha! tobe und spanne dich dann aus, labe dich im Wirrwarr! –Wie ists Euch?«

Leicht verwirrt biegen wir hinter dem türkischen Obst- und Gemüsegeschäft nach rechts in die Stoltzestraße ein, kommen an einem marokkanischen Obst- und Gemüsegeschäft vorbei, überqueren die Battonstraße – und stehen vor einer dreihundert Meter langen Mauer, an der die Namen von mehr als elftausend Mitgliedern der dritten jüdischen Gemeinde in Frankfurt verzeichnet sind, die während der nationalsozialistischen Herrschaft deportiert und ermordet wurden. Hinter der »Wand der Namen« wurde ein Platanenhain angelegt und in dessen Mitte ein fünf Meter hoher Kubus aus Steinen zusammengesetzt, die aus der alten Judengasse stammen. Die Gedenkstätte am Neuen Börneplatz erinnert, über Leid und Tod hinaus, auch an eine lange Geschichte jüdischen Lebens in der alten Stadt. In der Judengasse stand das Geburtshaus des Schriftstellers Ludwig Börne, der später mit recht gemischten Gefühlen an seine »finstere Behausung« dachte und an die langen schmalen Gassen, die dem Auge kein Ziel und keinen Ruhepunkt gönnten. »Da herrscht eine Dunkelheit, die wohl dienen kann zur Rückerinnerung an die zehen Plagen des Pharao und ein Symbol abgibt von der Geisteskultur der Juden.« Hier stand aber auch das Stammhaus der Rothschilds, jener legendenreichen Bankiers-Dynastie, die halb Europa finanzierte.

So sind die Eindrücke der Besucher Frankfurts, von denen keiner versäumte, einen Blick ins Ghetto zu werfen, sehr unterschiedlich. Heinrich Heine, der sich in jungen Jahren ein paar Tage lang vom älteren Kollegen Börne durch die Stadt führen ließ, malte später das Judenviertel im *Rabbi von Bacherach* zur freundlich-satirischen Idylle aus: »Bärtige Schwarzröcke, wie Ameisenhaufen; Weiber, glanzreich hinflatternd, wie Goldkäfer; neugekleidete Knaben, die den Alten die Gebetbücher nachtrugen; junge Mädchen, die, weil sie nicht in die Synagoge gehen dürfen, jetzt aus den Häusern ihren Eltern entgegen hüpfen, vor ihnen die Lockenköpfchen beugen, um den Segen zu empfangen: alle heiter und freudig, und die Gasse auf und ab spazierend, im seligen Vorgefühl eines guten Mittagmahls, dessen lieblicher Duft schon mundwässernd hervorstieg aus den schwarzen, mit Kreide bezeichneten Töpfen, die eben von den lachenden Mägden aus dem großen Gemeinde-Ofen geholt worden.« Der Däne Jens Baggesen dagegen, der 1789 in Frankfurt war, berichtet geradezu entsetzt von dem »Haufen Elend«, der ihm da entgegenquoll. »Welch ein Gewimmel von jammervollen Gestalten!« schrieb er in seinem Reisebuch *Das Labyrinth*. »Welch ein schwülwarmer Pestdunst von lebendigem, leblosem und totem Unflat!« Der Gestank könnte sich auf seinen Blättern verbreiten, fürchtete der zartsinnige Dichter, und seine Leser könnten in Ohnmacht fallen, wenn er auch noch Details schilderte.

Da halten wir uns denn doch, zum Abschied vom Neuen Börneplatz, lieber an Baggesens Landsmann Hans Christian Andersen. Der steckt im »Fünfundzwanzigsten Abend« seines *Bilderbuchs ohne Bilder* das Ghetto ins trauliche Märchenkleid: »›Es war in Frankfurt. Dort sah ich‹, so sprach der Mond, ›ein seltsames Bild. Mein Blick fiel auf ein altes Haus. Es war nicht das Haus, in dem Goethe geboren ward, auch nicht das alte Rathaus mit seinen vergitterten Fenstern, hinter denen noch immer die gehörnten Schädel der Ochsen bleichen, die bei der Kaiserkrönung am Spieß gebraten wurden. Nein – es war ein ganz gewöhnliches, grün angestrichenes Bürgerhaus, und es lag in der Nähe der engen Judengasse. Es war Rothschilds Haus. Ich sah durch die geöffnete Türe. Die Treppe war hell erleuchtet. Bediente, die brennende Kerzen in schweren Silberleuchtern trugen, standen auf den Stufen und verneigten sich tief vor einer alten Frau, die in einem Sessel die Treppe hinuntergetragen wurde. Der Herr des Hauses stand mit entblößtem Kopf und küßte der alten Frau ehrfurchtsvoll die Hand. Es war seine Mutter. Sie nickte ihm und den Bedienten freundlich zu, und die Diener geleiteten sie in die schmale düstere Gasse, an ein bescheidenes kleines Haus. Hier wohnte sie. Hier hatte sie ihre Kinder geboren, und von hier aus war ihr Glück erblüht. Wenn sie die verachtete Gasse und ihr kleines Haus verschmähte, so würde auch das Glück sich von ihr wenden: das war ihr fester Glaube.‹ – Der Mond erzählte nicht weiter…«

Wir wenden noch einmal den Blick zurück zur schrecklich langen »Wand der Namen«. Es ist ja die Mauer des alten Judenfriedhofs, die hier als Erinnerungstafel dient. Vielleicht darf der literarische Spaziergänger sich den schweren Kopf nun doch etwas erleichtern durch eine Anekdote, die Heinrich Heine von seinem Spaziergang mit Börne berichtet. Er fragte den damals noch uneingeschränkt verehrten »lieben Doktor«, wo denn jetzt die großen Ochsen seien, die, wie sein Vater ihm einst erzählt habe, auf dem jüdischen Kirchhofe hier zu Frankfurt herumliefen und in der Nacht so entsetzlich brüllten, daß die Ruhe der Nachbarn dadurch gestört wurde. »›Ihr Herr Vater‹, rief Börne lachend, ›hat Ihnen in der Tat keine Unwahrheit gesagt. Es existierte früherhin der Gebrauch, daß die jüdischen Viehhändler die männliche Erstgeburt ihrer Kühe nach biblischer Vorschrift dem lieben Gotte widmeten, und in dieser Absicht, aus allen Gegenden Deutschlands, hierher nach Frankfurt brachten, wo man jenen Ochsen Gottes den jüdischen Kirchhof zum Grasen anwies, und wo sie bis an ihr seliges Ende sich herumtrieben und wirklich oft entsetzlich brüllten. Aber die alten Ochsen sind jetzt tot, und das heutige Rindvieh hat nicht mehr den rechten Glauben, und ihre Erstgeburten bleiben ruhig daheim, wenn sie nicht gar zum Christentume übergehen. Die alten Ochsen sind tot.‹«

Das läßt ein wenig hoffen. Wir gehen durch den jungen

Platanenhain hinunter zum Rechneigraben, wenden uns den Kubus jetzt im Rücken, an der Lieferantenfront des Stadtwerke-Kundenzentrums entlang nach rechts zur Kurt-Schumacher-Straße zurück und erblicken drüben auf der anderen Seite zur Rechten das nach dem Krieg erneuerte Konventsgebäude des Dominikanerklosters, heute Sitz des Evangelischen Regionalverbandes Frankfurt. Von der gotischen Hallenkirche hat sich nur der Chor erhalten. Der rein literarisch interessierte Spaziergänger läßt die ganze Klosteranlage rechts liegen und geht schnurstracks vor dem neuen Heiliggeist-Kirchlein durch die Dominikanergasse auf die Fahrgasse zu. Direkt an der Gassenkreuzung lockt die kleine Wirtschaft »Am Löwenbrunnen« – und tatsächlich thront ein roter Sandsteinlöwe gleich rechts daneben über einem klassizistischen Pumpbrunnen aus dem Jahre 1781. Und über dem Hauseingang Nr. 27 hängt noch ein zweites Raubtier: als Sandsteinrelief des alten Wirtshausschildes »Zum Goldenen Löwen«.

Das zum Schild gehörige Haus stand seit 1598 etwas links dahinter, dort, wo heute ein kleiner Durchgang zu den häßlichen Wohnzweckbauten des Hainerhofs führt. Der Gasthof wurde weltberühmt wegen eines Gastes, der hier höchst unfreiwillig logierte: Es war Voltaire, den der Preußenkönig Friedrich II. auf der Rückreise von Berlin nach Frankreich am 30. Mai 1753 in Frankfurt verhaften ließ. Der Vorwand, ein verfänglicher Gedichtband des Königs, fand sich nicht im Reisegepäck des Philosophen, aber die Verhandlungen zogen sich hin. Vor allem war es wohl Friedrichs Schmerz über eine verlorene Liebe, der seinen langjährigen Männerfreund insgesamt fünf Wochen lang in Frankfurt festhielt – kein Ruhmesblatt auch für die freie Reichsstadt, die sich den königlichen Wünschen nur allzu dienstfertig fügte. Voltaire ließ seinen Zorn später in einem Vierzeiler aus, der auf deutsch etwa so heißt: »Damals, als an den Ufern des Mains zwei barbarische Wegelagerer / das Maß ihrer Gemeinheit und Grausamkeit an mir vollmachten, / da brachte die Arbeit mir Ruhe und Halt. / Diese kunstfremde Höhle wurde so der Kunst zum Asyl.«

Wir aber haben nun – den Löwenbrunnen im Rücken, den Durchschlupf zum Hainerhof vor uns – freies Geleit bis zur Kannengießergasse, die nach rechts zum Dom führt. Die alte Stiftskirche St. Bartholomäus, im 13. und 14. Jahrhundert aus den Resten einer karolingischen Salvatorkapelle herausgewachsen, erhielt schon früh diesen Titel, obwohl sie nie ein echter Dom, eine Bischofskirche also, gewesen ist. Aber als Wahl- und später sogar Krönungsstätte deutscher Könige und Kaiser stellte sie schließlich etwas ganz Außergewöhnliches vor. Allerdings zog sich der Bau sehr in die Länge. Als 1792 der letzte Kaiser des Heiligen Römischen Reiches Deutscher Nation, Franz II., in Frankfurt gekrönt wurde, fehlte immer noch die Turmspitze. Dabei war der »Pathorn«, wie die Frankfurter ihren Pfarrturm seit alters nennen, bald die Hauptattraktion der stolzen Kirche; der Rundblick von oben über die Stadt, den Main und den Taunus lockte die Reisenden aus ganz Europa zum beschwerlichen Aufstieg, auch wenn man – wie Victor Hugo ausführlich beklagte – alle paar Stufen Trinkgeld zahlen mußte.

Von einem besonderen Erlebnis in luftiger Höhe berichtet 1839 der Wiener Possendichter Ignaz Franz Castelli: »Der Turmwächter war nicht zu Hause, und nur sein Weib, eine kleine freundliche und lustige Person, saß in ihrem winzigen Kämmerlein. Müde vom Steigen setzte ich mich darin nieder. Kaum saß ich aber, so bewegte sich mein Stuhl, als ob ein Erdbeben wäre, und Töne gellten an mein Ohr, daß mich dieses schmerzte, meine Knie schlotterten, und alle meine Nerven bebten, ich konnte kein Wort sprechen; wenn ich aber auch eines hätte sprechen können, kein Mensch würde es verstanden haben. Die Turmuhr befindet sich nämlich gerade unter des Turmwächters Zimmer, und wenn diese zu schlagen anfängt, so glaubt man wirklich, die letzte Posaune ertöne und der Turm stürzte ein. Sollte man doch denken, wenn man so durch eine Stadt geht, auf den Kirchturm hinaufsieht und ein kleines Fensterchen gewahr wird, der Turmwächter dort oben muß zwar ein einsames, aber ruhiges Leben führen, ja, prost die Mahlzeit! Diese Uhr ist die ewige Unruhe seines Lebens.«

Auch der literarische Spaziergänger wird jetzt unruhig. Je näher er dem Römerberg kommt, der »guten Stube« der Stadt, desto tiefer tritt er in den Schatten des zweitberühmtesten Frankfurters, dem schließlich Theodor Heuss den klassisch-demokratischen Ritterschlag versetzte. »Immer, wenn ich hier war«, sprach der erste Bundespräsident 1959 in der Paulskirche, »spürte ich beides: Weite einer Weltgesinnung und Nähe eines Heimatgefühls, Goethe und Friedrich Stoltze.« Wir treten also aus dem Hauptportal von St. Bartholomäus und gehen schnurstracks geradeaus die Domstraße bis zur nächsten Ecke links, wo unter der Adresse Braubachstraße Nr. 13 das ehemalige Hauptzollamt steht. Eine Gedenktafel neben dem Eingang weist darauf hin, daß sich hier, bis zum Altstadtdurchbruch 1904, das Haus »Zum Rebstock« befand, in dem der Dichter Friedrich Stoltze am 21. November 1816 zur Welt kam. Das Haus war ein Wirtshaus, der Dichter ein Berufs-Frankfurter, der sich besonders gern und gut in der heimischen Mundart ausdrückte und seine Herkunft nie vergaß: »›Der Rewestock‹, mei Vatterhaus, / Dhat nah beim Pathorn leihe; / Hoch iwwer unser Dach enaus, / Wie hoch sah ich en steihe!«

Wir werden dem Lokalpoeten auf diesem Spaziergang noch öfter begegnen – und am Ende erfahren, daß er viel mehr war als ein Lokalpoet. Jetzt aber gehen wir erst einmal gleich neben dem Hauptzollamt links durch die Ladenpassage zwischen den Elefantenfüßen des Technischen Rathauses ein paar Stufen hoch zum neuen »Markt« und stehen vor der langgestreckten Schirn-Kunsthalle, die ihren Namen hat von den mittelalterlichen Verkaufsständen der Frankfurter Metzger, die vormals diesen ehrenfesten Ort belebten. Victor Hugo, der hier – noch ärgerlich über das viele Trinkgeld, das er in der Kirche lassen mußte – sich vom Dom zum Römer kämpfte, kam aus dem Staunen nicht mehr heraus: »Es ist nicht möglich, ältere und schwärzere Häuser sich über üppigere Haufen frischen Fleisches beugen zu sehen«, schrieb er 1842 in seinem Reisebuch *Le Rhin*. »Ich weiß nicht, welche eßlustige Heiterkeit auf diesen sonderbar gedeckten und behauenen Fassaden ruht, deren Untergeschoß wie ein tiefer, weit offener Schlund unzählige Ochsen- und Schöpfenviertel zu verschlingen scheint. Blutige Metzger und rosige Metzgerinnen plaudern anmutig unter den Girlanden von Hammelfleisch.«

Archäologischer Garten:
Römische Reste vor der neuen Schirn-Kunsthalle

Wer sich noch weiter zurück in die Vergangenheit sehnt, der darf hier, zwischen Dom und Schirn, einen Blick hinunterwerfen in den Archäologischen Garten zu den konservierten Mauerresten, die man nach dem Zweiten Weltkrieg ausgegraben hat. Zu erkennen sind die Fundamente zweier römischer Badeanlagen aus dem ersten nachchristlichen Jahrhundert, darüber die Überbleibsel der karolingischen Pfalzanlage aus dem frühen neunten Jahrhundert sowie einige spätmittelalterliche Kellersteine. Und natürlich kann man dieses Mittelalter auch ansehnlich wiederherstellen. Die Stadt hat das am Römerberg, zu dem wir jetzt, die Schirn entlang, nach rechts hinuntersteigen, schon fast mit disneyländlichem Gestaltungseifer versucht. Der Platz vor den drei gotischen Staffelgiebeln des Rathauses mag, nach der historischen Rekonstruktion von sechs Knusperhäuschen gegenüber, ein bißchen wieder so aussehen wie damals, als der fünfzehnjährige Goethe die Feierlichkeiten zur Krönung Josephs II. beobachtete. Wir aber müssen auf die ausführliche Schilderung des Ereignisses im fünften Buch von *Dichtung und Wahrheit* aus Konkurrenzgründen verzichten.

Denn mitten auf dem Römerberg steht ein Wahrzeichen der Stadt, der Gerechtigkeitsbrunnen mit bronzener Justitia obenauf, deren – an Körper und Geist – etwas lädierte steinerne Vorgängerin kein anderer besang als Friedrich Stoltze:

»Das ist die Frau Gerechtigkeit!
Sieht aus als wie die Schlechtigkeit;
Die Waag' ist fort, daß Gott erbarm,
Zum Teufel samt dem halben Arm;

Das Schwert, das Sinnbild der Gewalt,
Das hält sie aber noch umkrallt.
Die Nas' ist fort; sie war von Stein,
Die hätt' auch müssen wächsern sein.
O Vogelscheuche du von Recht,
Für Frankfurt bist du doch zu schlecht!
Wie wär's, wenn man sie so zerstückt,
Einmal nach Hessen-Kassel schickt?
Und hätt' sie da die Stadt beseh'n,
Könnt' sie auch nach Hannover geh'n;
Auch in Berlin die Polizei
Besuchen könnt sie nebenbei!
Und über Breslau, von Berlin,
Könnt' sie per Eisenbahn nach Wien!
Von dorten könnt' sie nach Paris,
Da wär' sie wie im Paradies!«

Nach diesem hochdeutsch politischen Rundumschlag sind wir reif für das Haus der deutschen Demokratie. Die Gerechtigkeit im Rücken, gehen wir vor dem Römer-Rathaus rechts hinunter über die Bethmannstraße zur Paulskirche, zum heiligen Ort der ersten deutschen Nationalversammlung 1848/49. Den elliptischen Rundbau mit dem klassizistischen Turm, den ein goldenes Kreuz krönt, hatte man erst fünfzehn Jahre vor dem großen Ereignis fertiggestellt. 1944 völlig ausgebrannt, war die Kirche dann das erste Gebäude der Stadt, das gleich nach dem Krieg mit Spenden aus ganz Deutschland wieder aufgebaut wurde. Heute ist sie ein beliebter Ort für besonders würdige Feierstunden; seit 1948 wird hier der Goethepreis der Stadt verliehen, alljährlich zur Buchmesse auch der

Demokratischer Erstversuch:
Die Paulskirche

Friedenspreis des Deutschen Buchhandels. Von den vielen Gedenktafeln, die die Außenwand der Kirche schmücken, fällt freilich eine aus dem historischen Rahmen: das Porträt-Relief Philipp Jakob Speners, der als Vater des Pietismus gilt. Der Senior des Frankfurter Predigerministeriums hielt am 1. August 1666 seine Antrittspredigt in der Barfüßerkirche; sie mußte dem Neubau weichen, der dann gleich von der Nationalversammlung genutzt wurde.

Unter den fast sechshundert berühmten Abgeordneten, deren Fraktionen sich nach den Frankfurter Lokalen nannten, in denen sie aus politischen Stammtischen heraus entstanden waren, fände der Spaziergänger – von Ernst Moritz Arndt bis Ludwig Uhland – einen wesentlichen Teil der Literatur des 19. Jahrhunderts. Viele Schriftsteller haben ihre Erinnerungen an die ersten Tage der deutschen Demokratie aufgeschrieben, am dramatischsten natürlich der Bühnendichter und Theaterkritiker Heinrich Laube, der einen besonders ereignisreichen Tag (den 18. September 1848) schildert: »Da entstand plötzlich eine allgemeine Bewegung in der ganz gefüllten Kirche; es waren Nachrichten hereingebracht worden, Volksmassen näherten sich der Paulskirche und wollten eindringen. Gagerns Ton verwandelte sich, und er rief mit mächtiger Stimme, das Parlament sollte in würdiger Haltung verharren – eine unheimliche Erinnerung an die Sitzungen des Konvents in Paris; da polterte es hinter uns, die wir oben am Nordende saßen. Die äußere Tür schien gesprengt zu werden. Wir, die zunächst Sitzenden vom ›Augsburger Hofe‹, sprangen auf und eilten an die innere Tür, welche etwa fünf bis sechs Schritt von der äußeren entfernt war, und stemmten uns gegen dieselbe, sofort erfahrend, daß dieser Widerstand notwendig war. ... Die Tür bog sich bereits wie ein Fiedelbogen, und wenn sie aufsprang, so drang die Volksmasse über uns herein und es entstand ein Massaker.« Glücklicherweise machte das österreichische Militär dem Spuk noch rechtzeitig ein Ende – und Heinrich Laube wurde bald darauf Direktor des Wiener Burgtheaters.

Wir verlassen den Ort des nationalen Auf- und Einbruchs wieder am Ausgang Bethmannstraße und gehen nach rechts durch einen Brückenbogen – vom trefflichen Volksmund »Seufzerbrücke« genannt –, der das alte Rathaus mit einem neueren Verwaltungsgebäude verbindet. An der nächsten Straßenecke auf der linken Seite steht das Alt-Frankfurter Bankhaus der Gebrüder Bethmann, das an der Außenmauer in der Buchgasse über der Nummer 11 eine von Engelsflügeln gehaltene Steintafel trägt, die dem aufmerksamen Wanderer mitteilt, daß Martin Luther hier genächtigt hat, vom 14. zum 15. April 1521, auf der Reise zum Reichstag nach Worms. Das Haus, in dem der Reformator noch recht naiv den Kopf in den Sand steckte, hieß »Zum Strauß«. Auf der Rückreise, die Luther ebenfalls an dieser Stelle unterbrochen haben soll, schrieb er am 28. April einen Brief an Lukas Cranach; da wußte er endlich, was die Religionsstunde geschlagen hatte: »Ich laß mich eintun und verbergen, weiß selbst noch nicht wo ... Es muß ein klein Zeit geschwiegen und gelitten sein. Ein wenig, so sehet ihr mich nicht, und aber ein wenig, so sehet ihr mich, sprach Christus. Ich hoff, es soll itzt auch so gehen. Doch Gottes Wille als der allerbeste geschehe hierin, wie im Himmel und Erden, Amen.«

Der literarische Spaziergänger, jenseits der Reichsacht, schlendert, den Eingang zum Bankhaus im Rücken, den

Bundesrechnungshof zur Linken, nun den Kornmarkt hinauf zur Berliner Straße, geht diese rechts und dann gleich wieder links in die Sandgasse. Hier gedenkt er des Hauses »Zum Goldenen Kopf«, eines – wie Goethe bemerkte – »düster gelegenen Handelshauses« in der ehemaligen, heute nicht mehr existierenden, Großen Sandgasse Nr. 12, in dem die Brentanos wohnten, Clemens und Bettina einen Teil ihrer Jugend verbrachten. Am Ende der Gasse stoßen wir auf den kleinen Friedrich-Stoltze-Platz, mit einem Brünnchen in der Mitten, einer Büste des Dichters und dem freundlichen Nachruf: »Der lebte nicht vergebens / Auch ihm sei Dank und Sang, / Wer um den Ernst des Lebens / Den Menschen Rosen schlang.«

Nun ja, Stoltze ist einer, auf den sich viele berufen können: die gemütlichen Apfelweintrinker und die heftigen Freiheitskämpfer, die Lokalpatrioten und die Vaterlandsfreunde. Er hat Gelegenheitsverse gereimt für fröhliche Stammtische, er hat eine auch überregional aufmerksam verfolgte politisch-satirische Wochenschrift gegründet – und er wurde wegen einiger besonders frecher Gedichte »in hochdeutscher Mundart« zu einem Jahr Gefängnis verurteilt. Aber Stoltzes Welt ist untergegangen, sowohl die verhaßte preußische wie seine geliebte Frankfurter Welt. Wenn wir nun, vom Brünnchen aus, die Katharinenkirche etwas dahinter im Rücken, die Bleidenstraße nach links hinuntergehen bis zum Liebfrauenberg, dann wissen wir, daß hier einmal der Platz war für die alte Messe, aber zu sehen ist nur, rechts unten etwas versteckt, die neue Kleinmarkthalle. Und Friedrich Stoltze wohnt im Museum. In der Töngesgasse, die die Bleidenstraße nach Osten fortsetzt, hat ihm die Stadtsparkasse unter der

Geliebter Lokalpoet:
Der Stoltzebrunnen hinter
der Katharinenkirche

Hausnummer 34-36 im historischen Innenhof einen mittelalterlichen Treppenturm hergerichtet, in dem man sich über den einmal mit Abstand populärsten Frankfurter eingehend informieren kann. Dann gehen wir nach links durch die Hasengasse zur Zeil zurück – im Kopf vielleicht noch das Motto, das Friedrich Stoltze 1879 in seiner *Frankfurter Latern* zum gefälligen Gebrauch ausgegeben hat: »›Diesen Kuß der ganzen Welt!‹ ›Deutschland über Alles!‹ und ›Iwer Frankfurt geht nix!‹«

Frankfurter Leben:
Weinfest in der Freßgass'

»Sieh einmal, hier steht er«

Dritter Spaziergang:
Von der Hauptwache über
die Freßgass' durchs
nördliche Westend

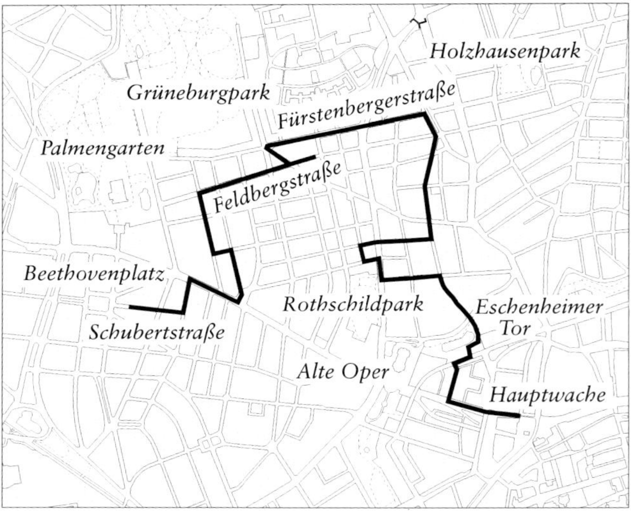

An der Hauptwache – Biebergasse – Kalbächer Gasse (Freßgass') – Kaiserhofstraße – Hochstraße – durch die Bockenheimer Anlage (rechts am Weiher vorbei) – Im Trutz Frankfurt – Gärtnerweg – Staufenstraße – Telemannstraße – Kronberger Straße – Emil-Claar-Straße – Im Trutz Frankfurt – Auf der Körnerwiese – Hansaallee – Fürstenbergerstraße – Grüneburgweg – Wolfsgangstraße – zurück zur Simon-Bolivar-Anlage – Feldbergstraße – Myliusstraße – Kleine Wiesenau – Wiesenau – Bockenheimer Landstraße – Arndtstraße – Schubertstraße

Wir beginnen die dritte Tour durch das literarische Frankfurt an der Hand eines struppigen Knaben, der wie kein anderer in seinem Alter auf der ganzen Welt berühmt ist. Franziska Lenz-Gerharz hat ihm 1985 vor dem noblen Juweliergeschäft an der Hauptwache, Ecke Schillerstraße/Biebergasse, einen fast drei Meter hohen Bronze-Brunnen gebaut, der auch all die andern Helden plastisch feiert, die im *Struwwelpeter* versammelt sind: Paulinchen mit den Katzen Minz und Maunz, Nikolas mit den schwarzen Buben, das Häschen und den wilden Jägersmann, den fliegenden Robert. Das ursprünglich nur für den privaten Gebrauch konzipierte, heute in den fremdesten Sprachen verbreitete Kinderbuch stammt von dem Frankfurter Arzt Dr. Heinrich Hoffmann. In einem Brief an die Zeitschrift *Gartenlaube* schildert er später, wie es dazu kam:

»Es war im Jahre 1844, das Weihnachtsfest nahte; ich hatte damals zwei Kinder, einen Sohn von dreieinhalb Jahren und ein Töchterchen von ein paar Tagen. Nun suchte ich für jenen ein Bilderbuch, wie es für einen solchen kleinen Weltbürger sich schicken mochte; aber alles, was ich da zu sehen bekam, sagte mir wenig zu. Endlich kam ich heim und brachte ein Heft mit, welches ich meiner Frau mit den Worten überreichte: ›Hier habe ich, was wir brauchen.‹ Verwundert öffnete sie die Blätter und sagte: ›Das ist ja ein leeres Schreibheft!‹, worauf sie die Antwort erhielt: ›Jawohl, aber da will ich dem Jungen schon selbst ein Bilderbuch herstellen!‹ … Das Original-

Weltberühmter Knabe:
Der Struwwelpeterbrunnen vor Hauptwache
und Katharinenkirche

exemplar kam auf den Weihnachtstisch, mein Söhnchen hatte seine helle Freude daran. Nach einigen Tagen fand die Taufe des Mädchens statt, und da bekamen auch die eingeladenen Familienglieder des Vaters Wunderwerk zu sehen. Nun hieß es hier: ›Das mußt Du drucken lassen, das darf der Junge nicht, wie zu erwarten ist, in ein paar Tagen zerreißen.‹«

Weil der Vater dem Rat folgte, hat er heute kurioserweise seinen Platz eher in der Literatur- als in der Medizingeschichte – und wir haben auf unserer Wanderung nordwestlich von der Hauptwache einen Begleiter, der uns in den nächsten zwei Stunden nicht mehr von der Seite weicht. Auch wenn wir ab und zu nun doch auf andere Gedanken kommen. Am Ende der Biebergasse zum Beispiel, wo an der Ecke Börsenstraße einmal Frankfurts erstes festes Theater stand. Das Komödienhaus, 1782 eingeweiht, bot zwei Jahre später schon die Uraufführung von Schillers *Kabale und Liebe*, mit August Wilhelm Iffland in der Rolle des Kammerdieners. Der Mannheimer Starschauspieler gastierte häufig in Frankfurt; er genoß die Einladungen in der besten Gesellschaft der Stadt, und er ließ sich feiern auf der Bühne, wie es ihm gebührte. »Ich spielte gut«, schrieb er an seine Schwester Louise, »ward herausgerufen, wollte nicht kommen, mußte aber, denn der Lerm wurde zu groß.«

Auch Frau Rat Goethe gehörte natürlich zu seinem Fanclub. Sie hatte eine Art Stammplatzmiete im Komödienhaus; kaum eine Aufführung, die sie sich – und denen, die wiederum sie beobachteten – entgehen ließ. Bettina von Arnim beschreibt in ihrem Briefbuch *Die Günderode* einen wunderbaren Auftritt der Mutter bei einer Vorstellung der *Geschwister*, eines Einakters von ihrem Sohn: »Es war sehr leer wegen der Hitze, George war fortgegangen, die Frau Rat saß ganz allein auf meiner Seite, sie rief aufs Theater: ›Herr Verdy, spielen Sie nur tüchtig, ich bin da‹, es machte mich recht verlegen, hätte er geantwortet, so wär ein Gespräch draus geworden, in dem ich am Ende noch eine Rolle hätte übernehmen müssen. – Im Parterre saßen keine fünfzig Menschen, Verdy spielte recht gut, und die Rat klatschte bei jeder Szene, daß es widerhallte, Verdy verbeugte sich tief gegen sie, es war gar wunderlich, das leere Haus und die offenen Logentüren wegen der Hitze, durch die der Tag hereinschien, dann kam Zugwind und spielte mit den lumpigten Dekorationen, da rief die Goethe dem Verdy zu: ›Ah, das Windchen ist herrlich‹, und fächelte sich, es war doch grad, als spiele sie mit, und die zwei auf dem Theater, so gut als wären sie allein in vertraulich häuslichem Gespräch, dabei mußt ich an den größten Dichter denken, der nicht verschmähte, so prunklos seine tiefe Natur auszusprechen. – Ja, Du magst recht haben, es ist was Großes darin, und es ist schauerlich, und daher tragisch gewesen diese Leere, diese Stille, die offnen Türen, die einzige Mutter voll Ergötzen, als habe ihr der Sohn den Thron gebaut, auf dem sie weit erhaben über den Erdenstaub sich die Huldigung der Kunst gefallen läßt. – Sie spielten auch recht brav, ja begeistert, bloß wegen der Fr. Rat, sie weiß einem in Respekt zu setzen. Sie schrie auch am Ende ganz laut, sie bedanke sich und wolle es ihrem Sohn schreiben.«

Aus dem nur noch in Büchern und in der Phantasie vorhandenen Schauspielhaus der Vergangenheit führt nun die Kalbächer Gasse geradeaus ins Straßentheater der Gegen-

Verführerische Promenade:
Die Freßgass' zwischen Hauptwache
und Opernplatz

wart. Der alte Volksmund-Name »Freßgass'« verrät, was es hier an Voll- und Feinkost zu erwerben gibt, wie viele Cafés und Restaurants einladend am Wege liegen. Der rein literarische Spaziergänger freilich findet kaum noch ansprechende Nahrung. Auf der rechten Seite, Hausnummer 10, soll einmal Mozart gewohnt haben; heute macht dort ein Bäcker die Musik. Gegenüber, wo sich die Freßgass' mit der winzigen Großen Bockenheimer Straße vereinigt, logierte im Jahre 1834, als die Straße noch Gasse hieß, ein paar Wochen lang der Dramatiker und Bürgerschreck Christian Dietrich Grabbe im Haus Nr. 25, bis er sich sogar mit seinem Freund und Verleger Kettembeil verfeindet hatte. Einen phantastischen Eindruck von der alten Freßgass' vermittelt immerhin E.T.A. Hoffmann mit seinem berühmten Märchen vom *Meister Floh*, in dem der Kaufmannssohn Peregrinus Tyß von den tollsten Ereignissen überrollt wird, als er, wie jedes Jahr, am Weihnachtsabend durch die Stadt zieht, um bedürftige Familien zu beschenken. »Diesmal war die Bescherung den Kindern eines armen Buchbinders bestimmt, namens Lämmerhirt, der, ein geschickter fleißiger Mann, für Herrn Peregrinus seit einiger Zeit arbeitete und dessen drei muntre Knaben von fünf bis neun Jahren Herr Peregrinus kannte. Der Buchbinder Lämmerhirt wohnte in dem höchsten Stock eines engen Hauses in der Kalbächer Gasse, und pfiff und tobte nun der Wintersturm, regnete und schneite es wild durcheinander, so kann man denken, daß Herr Peregrinus nicht ohne große Beschwerde zu seinem Ziel gelangte. Aus Lämmerhirts Fenstern blinkten ein paar ärmliche Lichterchen herab, mühsam erkletterte Peregrinus die steile Treppe. ›Aufgemacht‹, rief er, indem er an die Stubentüre pochte, ›aufgemacht, aufgemacht, der Heilige Christ schickt frommen Kindern seine Gaben!‹«

Wir verlassen die Idylle und gehen rechts die Kaiserhofstraße hinauf, in der die Erinnerung an eine jüngere Schreckenszeit lebendig wird. Unter dem Titel *Kaiserhofstraße 12* hat Valentin Senger eine Autobiographie geschrieben, in der er sein Verfolgungsschicksal und das Überleben in Frankfurt während des Nationalsozialismus schildert. Der Wohnort der Familie Senger ist heute in einem Parkhaus aufgegangen. Etwas freundlicher und interessanter wird es dann oben in der Hochstraße. Gleich links um die Ecke ziert das Haus Nr. 45, mit einem Geschäft für antike Teppiche aus China und Tibet, eine Gemeinschafts-Gedenktafel für Otto von Bismarck und – Heinrich Hoffmann. Der preußische Gesandte beim Deutschen Bundestag wohnte hier nur für ein paar Monate im zweiten Stock, ehe er im Oktober 1851 mit der jungen Familie auf die Bockenheimer Chaussee zog. Hoffmann aber nahm im selben Jahr für längere Zeit im dritten Stock Quartier. Er hatte nun die Stelle des Arztes an der »Anstalt für Irre und Epileptische« bekommen, verdiente jährlich sechshundert Gulden und konnte es sich also leisten, seine jüngst entdeckte dichterische Ader weiter zu pflegen. Als Pseudonym diente ihm dabei gelegentlich: »Peter Struwwel«.

Auf dem Weg zu Heinrich Hoffmanns nächster Wohnung, der letzten in seiner geliebten Geburtsstadt, über die er – von einigen Dienstreisen abgesehen – nie hinauskam, können wir ein wenig wie Hans Guck-in-die-Luft im Zickzack durch die Gegend laufen. Man überquert zunächst die Hochstraße, wendet sich ein bißchen nach rechts und wandert dann diagonal durch die Grünanlage an der linken Seite, den Weiher in der Mitte immer links lassend, bis zum Parkausgang auf der gegenüberliegenden Seite. Hier gehen wir über die Verkehrsader der Bockenheimer Anlage, kommen geradeaus in die Straße »Im Trutz Frankfurt« und dann nach links in den Gärtnerweg bis zur Leerbachstraße. Gleich an der Ecke, im Haus Nr. 39, lebte Joachim Raff, der als Direktor des Hoch'schen Konservatoriums auch seine Wohnung im Westend zum erlesenen Treffpunkt der Musikfreunde zu machen wußte. Am Abend des 9. Juni 1879 war Franz Liszt zu Besuch. Vierhändig spielten er und Clara Schumann auf dem Klavier, ein Ereignis, das auch viele Zuhörer auf der Straße vor den geöffneten Fenstern versammelte. »Dann kam«, berichtet Raffs Tochter Helene in ihren Lebenserinnerungen, »um Liszt zu huldigen, noch ein Männergesangverein gezogen, der innen im Hause, auf den Stufen der Raffschen Hochparterrewohnung sich aufstellte, und Liszt trat grüßend in die offene Flurtüre, das lange Silberhaar vom Glanze der Fackeln wunderbar angestrahlt.«

Im Rausch der Töne läßt sich auch der literarische Spaziergänger gern etwas weitertragen, den Gärtnerweg noch bis zum Ende, über den Reuterweg hinweg, wo er rechts ums Amerika-Haus biegt und dann gleich wieder rechts hinein in die Telemannstraße. Der Abstecher, ohne genauen historischen Ortsbezug, dient nur zur Erinnerung an den Begründer des Frankfurter Konzertlebens. Georg Philipp Telemann kam 1712 als städtischer Kirchenmusikdirektor in die Stadt am Main. Für die Barfüßerkirche hatte er jeden Sonntag eine Kantate zu schreiben, er komponierte die Musik für die städtischen und kirchlichen Feste und leitete die Kirchenmusik in St. Katharinen. 1714 heiratete er die Tochter des Kornschreibers, die ihm zehn Kinder gebar, und als er die Stadt nach einem knappen Jahrzehnt wieder verließ, behielt er das Bürgerrecht – wofür er alle drei Jahre einen neuen Kantatenzyklus nach Frankfurt schickte.

»Schicket Euch in die Zeit« heißt eins der vielen Auftragswerke, die Telemann in dieser Stadt geschrieben und aufgeführt hat. Wir folgen dem Aufruf und eilen gleich die nächste (Kronberger) Straße rechts zurück, über den Reuterweg hinweg in die Emil-Claar-Straße, bis wir wieder im »Trutz Frankfurt« sind. Hier geht es links hinauf, über den Grüneburgweg hinüber, bis zur Gervinusstraße, benannt nach dem Geschichtsforscher und Literarhistoriker Georg Gottfried Gervinus, der vor seinem mutigen Auftritt als einer der »Göttinger Sieben« – eine Unbotmäßigkeit gegenüber dem König von Hannover kostete sie 1837 das Professorenamt – in Frankfurt Lehrer am Gutermannschen Knabenerziehungsinstitut gewesen war. Über der Gervinusstraße beginnt die kleine Parkanlage »Auf der Körnerwiese«, an deren Nordspitze ein martialischer Jüngling mit Schwert sitzt. Das Denkmal für Theodor Körner, dem Kriegertum und Schlachtentod noch Gründe zur lyrisch-pathetischen Feier waren, stammt sichtbar aus der heldenhaften Zeit des Ersten Weltkriegs.

Mit *Leier und Schwert* nun also auch noch im Tornister überqueren wir direkt hinter dem Denkmal die Wolfsgangstraße, gehen die Hansaallee ein kleines Stück hinauf, biegen nach links in die Fürstenbergerstraße – und haben sofort auf der rechten Seite das Kontrastprogramm: Vor dem Neubau des Lessinggymnasiums, rechts neben dem Eingang, steht nicht nur, überlebensgroß, der Namenspatron der Schule, sondern auch – ebenfalls mit lädierter Nase – der deutsche Reformator Philipp Melanchthon. Der war ein enger Vertrauter Martin Luthers, ein gesuchter Gesprächspartner für die protestantisch beflügelten Patrizier der Stadt. Und ein Mann des vernünftigen Ausgleichs. Als die aus dem Dom verdrängten Katholiken sich beim Reichskammergericht beschwerten, riet er dem Rat, die Kirche zurückzugeben. Melanchthons Standbild vor dem humanistischen Gymnasium repräsentiert also den ganzen »Praeceptor Germaniae«, nicht nur den Organisator des Lateinschulwesens in den reformierten deutschen Ländern. Für den engeren Sprachunterricht war an dieser Schule später (1926-1960) sowieso eine eigene Kapazität zuständig: Eduard Bornemann, nach dessen *Lateinischem Unterrichtswerk* sich Generationen von Gymnasiasten quälten. Immerhin, er hinterließ auch etwas fürs kindliche Gemüt, ein Buch, das wir gerade auf unserer dritten Tour besonders gierig zur Hand nehmen. Es heißt *Petrulus hirrutus* und ist die lateinische Übersetzung unseres bewährten Wegbegleiters *Struwwelpeter*.

Der führt uns nun die Fürstenbergerstraße weiter über den Bremer Platz hinweg und zeigt uns rechts das IG-Farben-Haus, das der Berliner Architekt Hans Poelzig Ende der zwanziger Jahre als größtes Bürogebäude Europas für den Chemietrust gebaut hat. 250 Meter lang ist die Front, 2500 Angestellte hatten auf sieben Stockwerken Platz; die Amerikaner benutzten das stattliche Bauwerk nach dem Krieg als Hauptquartier, nun freut sich die Universität darüber. Vor gut hundert Jahren freilich war hier noch das Affensteiner Feld, auf dem die damals vorbildliche neue »Irren-Anstalt« stand, die – schon selbstverständlich auf diesem Spaziergang – unser *Struwwelpeter*-Hoffmann von 1864 bis zu seiner Pensionierung 1888 leitete. Er hatte es nicht weit zu seinen Patienten. An der nächsten Ecke, wo die Fürstenbergerstraße auf den Grüneburgweg trifft, steht noch heute das Haus Nr. 95, in dem der dichtende Arzt nun wohnte bis zu seinem Tod im Jahre 1894. Und die zartgrün gestrichene Bürgervilla zeigt sogar noch einen zweiten Künstlerkopf auf der Gedenktafel: Engelbert Humperdinck, der an Dr. Hoch's Konservatorium lehrte und in Frankfurt seine Märchenoper *Hänsel und Gretel* schrieb. Am Grüneburgweg lebte er drei Jahre lang mit Hoffmann unter einem Dach; sein zweites Bühnenwerk *Die Königskinder* entstand in diesem Haus.

Zu Gast war hier auch oft der Maler Hans Thoma, der gleich um die Ecke wohnte. Wenn wir das neue Glashochhaus gegenüber der grünen Hoffmann-Humperdinck-Villa halb umkreisen und links in die Wolfsgangstraße einbiegen, dann stehen wir schon nach wenigen Schritten vor dem hübsch geschmückten Häuschen Nr. 150, in dem, wie eine Erinnerungstafel anzeigt, der Schwarzwälder Landschafts- und Porträtkünstler dreizehn Jahre lang, bis 1899, lebte. Nun gehen wir aber schnurstracks wieder zurück zum Grüneburgweg und setzen unseren Spaziergang geradeaus fort durch die Feldbergstraße. Hier finden wir, jetzt fast schon mittendrin im baulich arg zerzausten Westend, doch auch noch die eine oder andere liebevoll wiederhergestellte Villa aus dem 19. Jahrhundert, deren Fassade erzählt von einem einstmals wunderbaren Wohngebiet.

Schwarzwälder Malerbote:
Hans-Thoma-Haus in der Wolfsgangstraße

Nach Überquerung der Liebig- und der Freiherr-von-Stein-Straße sowie der Wiesenau biegen wir nach links in die Myliusstraße, wo alsbald auf der linken Seite die hübsch originalnah restaurierte Doppelhaushälfte Nr. 32 zum Gedenken einlädt. Hier lebte, lang nach dem Tod ihres Mannes, die Witwe Clara Schumann seit dem Jahre 1878, als sie zur ersten Klavierlehrerin am Hoch'schen Konservatorium berufen worden war.

Sehr glücklich scheint die – noch zu ihrem sechzigsten Künstlerjubiläum im Jahre 1888 im Rahmen eines Festkonzerts der Frankfurter Museumsgesellschaft gefeierte – Pianistin im Alter nicht gewesen zu sein. »Wie drängt sich mir wieder jetzt so oft der Gedanke auf, daß ich, noch zu Lebzeiten, vergessen werde«, schrieb sie in der Myliusstraße am 10. Februar 1893 ins Tagebuch. »Die junge Generation weiß schon nichts mehr und – belächelt mitleidig das Vergangene.« Zur allgemeinen Wehmut der späten Jahre kommt in ihrem Fall natürlich ein besonderer Schmerz, nämlich der einer noch lange nicht anerkannten Komponistin: »Ich tröste mich immer damit, daß ich ja ein Frauenzimmer bin, und die sind eben nicht zum Komponieren geboren.« Die langen Tage der alten Dame im Westend schildert ausführlich ihr Enkel Ferdinand in seinen Erinnerungen – auch ihren Abscheu vor den zeitgenössischen Opernkomponisten, mögen sie Meyerbeer, Verdi oder gar Wagner heißen. Sie liebte das Regelmäßige. »Um 2 Uhr Mittagessen. Um 3 Uhr geht die Großmutter zum Tee, der in ihrem Zimmer eingenommen wird«, schreibt der Enkel. »Zum Tee liebt sie Friedrichsdorfer Zwieback, Kuchen ißt sie selten.«

Eine andere ältere Bewohnerin des Westends wollen

wir noch besuchen. Sie lebte, ein Jahrhundert nach Clara Schumann, hier in der Gegend, deren Aushöhlung und Niedergang in den sechziger Jahren sie traurig und grimmig beschrieb. Wir biegen gleich nach der Villa der Komponistin nach links in die Kleine Wiesenau und dann nach rechts in die »große« Wiesenau, wo auf der linken Seite in einem glanzlosen Häuserblock unter der Nummer 8 Marie Luise Kaschnitz wohnte, ein paar Jahrzehnte lang, bis 1974. Ihre Aufzeichnungen *Tage, Tage, Jahre* beginnen an einem 22. Februar: »Eben, um zehn Minuten nach acht Uhr abends habe ich die Zeitung weggelegt, es war da auf der dritten Seite von einem Pilzhaus die Rede, keine international wichtige, vielmehr eine städtische Angelegenheit, aber für mich wichtig, ein Stoß, der vieles in Bewegung brachte, eine Warnung, ein Signal. Das Pilzhaus sollte vierzig Stockwerke hoch werden, es sollte in der Nähe meiner Wohnung stehen. Ich konnte mir unter einem Pilzhaus nichts vorstellen, es gibt so viele verschiedene Arten von Pilzen, Lamellenpilze und Röhrenpilze, solche die einen Hut oder gar einen Schirm bilden und andere, die sich nach oben öffnen, eine Trompete, eine Totentrompete, oder die alten Pfifferlinge mit ihrem von Tannennadeln bedeckten verfaulten Dach. Ich sah also alle diese Pilze, aber auch schon Häuser, die unten schmal waren, auf Stelzfüßen standen und sich oben verdickten, einen Hut ansetzten, der auf alle umliegenden Gebäude einen mächtigen Schatten warf.«

Die Vision der Dichterin hat sich fast erfüllt. Ein paar Meter weiter stehen wir, umzingelt von himmelhohen Bank- und Sparkassenpilzen, an der Bockenheimer Landstraße, die einmal eine prächtige Allee war. Die erhabenen

Kastanienbäume sind einer neuzeitlichen Verkehrsführung gewichen, die Innenstadt ist sehr viel näher gerückt. Auch der Spaziergänger kann die moderne Bequemlichkeit, die der alten Schönheit den Garaus gemacht hat, nun praktisch nutzen: Direkt unter ihm liegt die U-Bahn-Haltestelle »Westend«; nur zwei Stationen sind es zurück bis zur Hauptwache. Unser ständiger Begleiter auf dieser Tour zerrt uns freilich noch auf einen Abstecher über die »Bockenheimer« hinüber, wo wir, rechts am Café Laumer vorbei, bis zum anderen U-Bahn-Eingang gehen, dort nach links in die Arndt- und dann gleich nach rechts in die Schubertstraße. Im Haus Nr. 20 auf der rechten Seite befindet sich das – Heinrich-Hoffmann-Museum, mit Struwwelpeter und seinen Gesellen zum Anfassen. Daß es in Frankfurt natürlich noch ein zweites *Struwwelpeter*-Museum gibt (in der Kunsthalle Schirn, siehe zweiter Spaziergang), wundert uns jetzt schon nicht mehr. Denn also dichtete der Irrenarzt:

»Wenn die Kinder artig sind,
kommt zu ihnen das Christkind;
wenn sie ihre Suppe essen
und das Brot auch nicht vergessen,
wenn sie, ohne Lärm zu machen,
still sind bei den Siebensachen,
beim Spazierngehn auf den Gassen
von Mama sich führen lassen,
bringt es ihnen Gut's genug
und ein schönes Bilderbuch.«

Spätklassizistischer Musiktempel:
Die Alte Oper

»Wie so anders ists geworden«

Vierter Spaziergang:
Vom Opernplatz durchs
südliche Westend
zur Messe

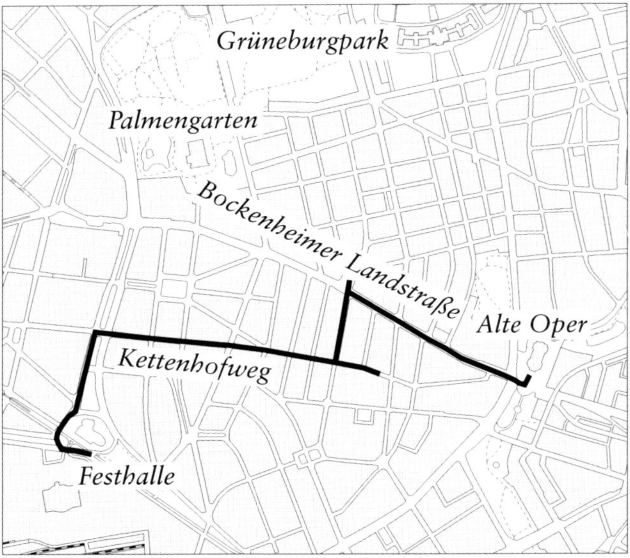

Opernplatz – Bockenheimer Landstraße – Ecke Freiherr-vom Stein-Straße – Feuerbachstraße – Kettenhofweg – Senckenberganlage – Haupteingang Messegelände (Festhalle)

Nur für die Dauer eines Menschenlebens konnte die Alte Oper, die westlich der Hauptwache am Ende der verlängerten Freßgass' steht, »Dem Wahren Schönen Guten« dienen, ehe sie 1944 abbrannte. Geblieben sind sechs Kandelaber vor dem Eingang, die imponierende Fassade mit dem fünfzig Zentimeter hohen Motto – und der feste Wille, die ganze Herrlichkeit in Trümmern wieder herzurichten. Bürgersinn hatten die Frankfurter ja schon bei der Gründung des prächtigen Musiktempels bewiesen, als sie eine Million Goldmark aus Stiftungen aufbrachten, ein Viertel der reinen Baukosten. Hundert Jahre später, seit Goethes Geburtstag 1981, strahlt das neue Konzert- und Kongreßhaus nun fast wieder im alten Glanz; und lebte Kaiser Wilhelm noch, dann müßte er heute wie damals sagen, als er und Mozart das stolze Gebäude am 20. Oktober 1880 einweihten: »Das könnte ich mir in Berlin nicht erlauben.«

Der weite Platz davor, mit seinen Bistros und Cafés und den vielen Freiplätzchen rund um den Springbrunnen, gilt als Treffpunkt für etwas, das es gar nicht gibt, ein Phantom vor der Oper: die Frankfurter Gesellschaft. Wir lassen uns hier also trotz aller Verlockungen nicht festhalten, sondern marschieren schnurstracks nach Westen, am blauen Zürich-Haus vorbei, hinein in die Bockenheimer Landstraße. Wo nun links und rechts die Verwaltungsgebäude von Banken, Versicherungen und anderen hochmögenden Niederlassungen stehen, waren früher die Landhäuser der besseren Herrschaften, vom Palais Rothschild abwärts. Auch der Bundestags-Gesandte Bismarck zog, wie wir auf dem dritten Spaziergang schon erfahren haben, alsbald hierher; seiner jungen Frau schickte er zum Eingewöhnen eine detaillierte Wohnungsskizze mit Lageplan nach Preußen und schwärmte dazu: »So sind 3 Etagen, eine wie die andre eingetheilt, parterre ist sehr elegant möblirt, als Gesellschaftslokal, bel etage zu Arbeits-, Schlaf-, Kinderstuben, oben Leute, Vorrath und was Du willst, im souterrain Küche, Keller, Waschküche, Eßzimmer der Leute. Wir haben das ganze Haus allein, der Garten geht rund herum, etwa 3 Morgen groß, sehr blumig, rasig und buschig, mit Treibhaus, worin 4000 Camellien. Die Miethe, mit den Möbeln der einen Etage ist 4500 fl., für Frankfurt billig.«

Auch der Bankier Jakob Friedrich Gontard hatte hier eine Villa. Weil seine schöne Frau Susette und der junge Hauslehrer Friedrich Hölderlin, wie wir auch schon wissen, in schwärmerischer Liebe einander zugetan waren und die Gattin als Diotima vor allem im *Hyperion*-Roman fortlebt, richtete eine Versicherungsgesellschaft vor dem riesigen Tritonhaus an der Bockenheimer Landstraße Nr. 42 eine Gedenkstätte ein. Sie besteht aus einer großzügig angelegten Exedra im kleinen Park gegenüber dem Hochhauseingang, einem überlebensgroßen nackten Mann aus Bronze und den geheimnisvoll falsch gegliederten Zeilen: »Doch uns ist gegeben auf keiner Stelle / zu ruhen – es fallen die leidenden Menschen / Blindlings von einer Stunde zur anderen wie Wasser von Klippe zu Klippe geworfen / Jahre lang ins Ungewisse hinab«. Eine Gedenkstätte für Eingeweihte, kein namentlicher Hinweis auf den Dichter. Da erlauben wir uns zur historischkritischen Ergänzung wenigstens noch, den ersten Vers aus dem Gedicht *Diotima*, aus Hölderlins zweitem Frankfurter Dienstjahr 1797, hinzuzufügen:

»Leuchtest du wie vormals nieder,
Goldner Tag! Und sprossen mir
Des Gesanges Blumen wieder
Lebenatmend auf zu dir?
Wie so anders ists geworden!
Manches, was ich trauernd mied,
Stimmt in freundlichen Akkorden
Nun in meiner Freude Lied,
Und mit jedem Stundenschlage
Werd ich wunderbar gemahnt
An der Kindheit stille Tage,
Seit ich Sie, die Eine, fand.«

Wem der hohe Ton zu anstrengend ist, der braucht die »Bockenheimer« nur ein paar Meter weiterzugehen, zum anderen Ende des winzigen Plätzchens an der Freiherr-vom-Stein-Straße, wo ein betont »originales« Steak House steht. Da war vordem ein chinesisches Restaurant mit dem schönen Namen »Schneegarten« – und lang davor die Villa eines anderen Frankfurter Bankiers. Auch dieser, Johann Daniel Heinrich Keßler, hatte eine charmante Frau, Johanna, und einen jungen Hauslehrer, Otto Busch. Aber hier gab es keine Liebestragödie, sondern nur gelegentliche Verstimmungen, die sich am Ende in scherzhaften Versen auflösten. Denn der Künstler als möglicher Liebhaber, der vor allem in den Jahren 1869 bis 1873 bei der Familie Keßler wohnte, war Ottos älterer Bruder:

Wilhelm Busch aus Wiedensahl. Und der richtete sein Augenmerk nicht nur auf die Hausfrau, sondern zum Beispiel auch auf deren Dienstmädchen, das dann als *Fromme Helene* 1872 in die Literatur einging und dabei ein paar morbide Frankfurter Verhältnisse mit aufs Land schleppte:

»Wie der Wind in Trauerweiden
Tönt des frommen Sängers Lied,
Wenn er auf die Lasterfreuden
In den großen Städten sieht.

Ach, die sittenlose Presse!
Tut sie nicht in früher Stund
All die sündlichen Exzesse
Schon den Bürgersleuten kund?!

Offenbach ist im Thalia,
Hier sind Bälle, da Konzerts.
Annchen, Hannchen und Maria
Hüpft vor Freuden schon das Herz.

Kaum trank man die letzte Tasse,
Putzt man schon den ird'schen Leib.
Auf dem Walle, auf der Gasse
Wimmelt man zum Zeitvertreib.

Wie sie schauen, wie sie grüßen!
Hier die zierlichen Mosjös,
Dort die Damen mit den süßen,
Himmlisch hohen Prachtpopös.«

Nach dieser kleinen Erholung im Tal der Dichtung zieht es den literarischen Spaziergänger nun freilich mit Macht hinüber auf die andere Seite der Bockenheimer Landstraße, wo er – zwischen Bettinaschule und Bettinastraße, Bettinaplatz und Brentanostraße – glauben mag, er stehe im Zentrum der Frankfurter Romantik. Aber es sind nur die Namen, die er dort findet, keine Spuren mehr von den beiden schreibenden Geschwistern Clemens und Bettina. Beide haben ja auch nur ihre Kindheit und Jugend in Frankfurt verbracht und sind später lediglich zu sporadischen Aufenthalten in die Vaterstadt zurückgekommen. Die exaltierte Bettina, immerhin, hat in ihren Dichtung und Wahrheit launig durcheinanderwirbelnden Briefbüchern *Goethes Briefwechsel mit einem Kinde*, *Die Günderode* und *Clemens Brentanos Frühlingskranz* ein eigenwilliges Stückchen Frankfurter Literaturgeschichte geschrieben; Bruder Clemens aber träumte lieber von *Gockel, Hinkel und Gackeleia* in einem wilden Wald zwischen Gelnhausen und Hanau, als daß er sich mit der Stadt, in der er einmal Kaufmann wie der Vater werden sollte, näher einließ. »Des Krams und der Gewerke Thor steht offen«, dichtete er sich von der gequälten Seele, »Die Kirche auch, und der Gerichte Haus, / Und strenggeschulte haben hingetroffen / Doch Musenkinder stößt die Zunft hinaus.«

Zügig also können wir von Wilhelm Buschs Steak House nach Überquerung der »Bockenheimer« durch die Feuerbachstraße gegenüber, an der Bettinaschule vorbei, zum Kettenhofweg gehen. Adolph Freiherr von Knigge wohnte hier, hoch verschuldet aus Hanau geflohen, Anfang der achtziger Jahre des 18. Jahrhunderts in einem

Gartenhaus und schrieb schon fleißig *Über den Umgang mit Menschen*. Und auf der Nummer 44 auf der linken Seite hatte, gut zwanzig Jahre davor, der Maler Gustave Courbet sein Atelier, aus dem er auch gern urwüchsig germanische Geschichten nach Frankreich berichtete. »Silvesterabend ist mir eine herrliche Sache passiert«, schrieb er zum Beispiel Anfang 1859 an seinen Freund Jules Castagnary. »Auf der Jagd in den deutschen Bergen habe ich einen riesigen Hirsch erlegt, einen Zwölfender, das bedeutet einen 13jährigen. Dieses Ereignis hat ganz Deutschland neidisch gemacht. Ein reicher Fabrikant aus Frankfurt hat versucht, ihn mir zu stehlen, aber ich muß gerechterweise sagen, daß sich alle Frankfurter für mich eingesetzt haben. ... Danach hat einer der Jäger ein Essen gegeben, wo man 700 Glas bayerisches Bier getrunken hat. Wir haben dort bis zum nächsten Morgen gefeiert.« Und danach hat Courbet ein Bild gemalt, *Combat de Cerfs*, das heute im Louvre hängt.

Wir freilich gehen, von der Feuerbachstraße aus, nicht nach links in den Kettenhofweg, sondern selbstverständlich nach rechts. Da kommt, nach Überquerung der Brentanostraße, nämlich die Lindenstraße, mit dem Suhrkamp Haus. Doch das ist nicht alles. Die Lindenstraße dient auch als Schauplatz für einen berühmten Roman, *Der Fall Maurizius* von Jakob Wassermann. Genau an die Ecke Kettenhofweg hat der Autor das Haus seines furchtbaren Oberstaatsanwalts Andergast gestellt, dessen starre moralische Wertordnung erst der eigene Sohn zum Einsturz bringt. Und die Dämonen, die ihn jagen, bis er auf dem Weg der Anerkennung seiner Schuld ist, sie kommen gezielt aus der Lindenstraße: »Als Herr von Andergast allein war, öffnete er das Fenster, um den Zigarrenqualm hinausziehen zu lassen. Es war eine feucht-schwüle Aprilnacht. Die Bäume tropften, die dunkle Straße lag da wie ein aufgeschnittener Schlauch. Herr von Andergast bohrte den Blick in die Finsternis. Er hatte das Kinn auf die verflochtenen Hände gedrückt und stand unbeweglich wie ein Pfahl. Als er das Fenster geschlossen hatte, setzte er sich zum Schreibtisch, nahm einen Akt von dem bereitliegenden Stoß und schlug ihn auf. Doch seine Augen glitten interesselos über die Seiten. Er hielt einen Bleistift in der Hand und kritzelte zerstreut Zeichen und Wörter auf ein leeres Blatt Papier. Auf einmal zuckte er zusammen. Da stand der Name Maurizius.«

Schnell weiter. Der Kettenhofweg ist lang; wir überqueren nun die Arndt-, die Mendelssohn- und die Beethovenstraße – alle drei Namengeber haben ihre je eigene Beziehung zu Frankfurt. Die geheimnisvollste hat sicher Beethoven. Gemeint ist nicht das freundschaftliche Verhältnis zu den Brentanos, das später natürlich vor allem von Bettina gepflegt wurde, gemeint ist auch nicht die wackere Subskription der *Missa solemnis* des damals schon tauben Meisters aus Wien durch den Cäcilienverein. Aber die Musikwissenschaft weiß von einem Brief an die »unsterbliche Geliebte«, der nach Beethovens Tod neben dem Testament in einem Geheimfach gefunden wurde. Die Dame, ist anzunehmen, stammt aus Frankfurt: Catharina von Ertmann war eine besonders begabte Schülerin des Komponisten; die erste seiner letzten Klaviersonaten hat er ihr, die er stets »Dorothea-Cäcilia« nannte, gewidmet.

Nach diesem musikalischen Charakterstück, einem Intermezzo der Spekulation, übergehen wir die nächste Querstraße in des Wortes Doppelsinn. Wir werden Robert Schumann, der ihr den Namen gab, auf einem späteren Spaziergang begegnen – und außerdem haben wir jetzt noch ein geisteswissenschaftliches Paket zu schleppen. Kurz vor der Schumannstraße, im Hause Kettenhofweg Nr. 123, wohnte der Philosoph, Musiktheoretiker und Soziologe Theodor W. Adorno – wie eine Gedenktafel an der erkergeschmückten Fassade frauenfreundlich mitteilt – »von 1949 bis zu seinem Tode gemeinsam mit seiner Frau Gretel«. Schräg dahinter, in der Parallele der Westendstraße (Nr. 79), lebte Max Horkheimer, der Freund und Mitstreiter beim schwierigen Geschäft der *Dialektik der Aufklärung*. Uns aber führt ein geflügeltes Wort aus den *Minima Moralia* von der Adorno-Tafel direkt zum Ende des Kettenhofwegs an der breiten Senckenberganlage, wo es seine banale Erfüllung findet im ewig fließenden Verkehr: »Es gibt kein richtiges Leben im falschen.«

Adorno mußte hier immer über die Straße, auf seinem Weg zur Universität, wo er in einem überfüllten Hörsaal über »Ästhetik I« oder »Ästhetik II« sprach. Das war nicht ungefährlich, und eines Tages platzte dem Philosophen der ganz gewöhnliche Kragen. Er schrieb einen Leserbrief an die Frankfurter Allgemeine Zeitung, die das rare Schriftstück am 18. Juli 1962 im Lokalteil veröffentlichte. Darin heißt es geharnischt: »Nachdem ich auf die Mißstände der Verkehrsregelung auf der Senckenberganlage dort, wo sie an der Universität vorbeiführt, verschiedentlich aufmerksam gemacht hatte, ohne etwas erreichen zu können, wende ich mich heute an die Öffentlichkeit. Die Senckenberganlage hat sich zu einer der verkehrsreichsten Ausfallstraßen entwickelt. Breit und mit mehreren Bahnen, lädt sie geradezu die Autos dazu ein, loszufahren. Zugleich aber muß diese Straße dauernd von all denen überquert werden, die ebenso an der Universität wie an den auf der anderen Seite der Senckenberganlage befindlichen Instituten arbeiten. Verkehrslichter fehlen. In unwürdiger Weise muß man über die Straße rennen, um nicht im buchstäblichen Sinn unter die Räder zu kommen; auf der Seite der Mertonstraße ist die Situation besonders gefährlich, weil die Senckenberganlage einen scharfen Knick macht, der die Wirkung hat, die Autos weit nach links zu treiben; es ist für den Überschreitenden fast unmöglich, die Distanzen richtig abzuschätzen. Sollte ein Student oder ein Professor in jenem Zustand sich befinden, der ihm eigentlich angemessen ist, nämlich in Gedanken sein, so steht darauf unmittelbar die Drohung des Todes…«

Heute ist eine Ampel da. Wir warten also geduldig auf grünes Licht, gedenken des segensreichen Leserbriefs aus der »Frankfurter Schule« und betrachten die stolze Häuserfront gegenüber. Rechts neben dem Kuppeltürmchen der Sternwarte des Physikalischen Vereins steht das Senckenbergmuseum mit seinen weltberühmten Sammlungen aus der Zeit der Donnerechsen und Riesenstrauße, gleich dahinter das Hauptgebäude der Universität. Links haben wir den Turm der Erziehungswissenschaftler, daneben den Turm des Marriott-Hotels – und wenn wir an ihnen vorbei die Senckenberganlage noch ein paar Schritte weitergehen, stehen wir auch schon vor dem Haupteingang des Messegeländes. Auch hier genießen wir zuerst das Panorama: rechts der neue runde Glaspalast des Maritim-Hotels, links der rotbraune Messeturm, Europas längster Bleistift, mit dem fleißigen Hammering Man davor – und in der Mitte die gute alte Festhalle, eine Eisenkonstruktion mit mehr als 12 000 Sitzplätzen. Seit hier, kurz nach der Eröffnung, im Mai 1909 der »3. Gesangswettstreit deutscher Männergesangvereine« in Anwesenheit des Kaiserpaares zelebriert wurde, hat der imposante Kuppelbau manch merkwürdige Massenveranstaltung erlebt – eine der seltsamsten sicher im Jahre 1929.

Der Philosoph Ernst Bloch war dabei, und er sah gar nicht hoffnungsvoll in die Zukunft der politischen Kultur in Deutschland: »Die Frankfurter Festhalle veranstaltete vierzehn Tage und länger eine sogenannte Internationale Dauer-Marathon-Tanz-Meisterschaft. Die technische Leitung liegt in den Händen einer Kompagnie, zwischen die man nicht geraten möchte. Ross Amusement Co.; klingt wie vom dicken Wallace aus dem Stall gezogen. Etwa 25 Paare haben sich Tag und Nacht, 45 Minuten pro Stunde, in Tanzbewegung zu halten. Die übrigen 15 Minuten sind zum Ausruhen, Austreten, zum Essen oder Schlafen bestimmt. Tänzer, die während der Tanzzeit die Toiletten aufsuchen, erhalten drei Minuten Freizeit, wofür sie während der Ruhepause fünf Minuten weiterzutanzen haben. Die konkurrierenden Paare müssen die Füße während der ganzen Tanzdauer in Bewegung haben; die eine Hand des einen Partners stets auf dem anderen, wie beim Vergnügen, wie im Salon. Das sind nicht die Wohltaten des Sports, sondern sämtliche Paare sollen ›ein gesellschaftlich würdiges Aussehen‹ bewahren. Die Würde der engen Lackschuhe, der Kragen, der Balltoilette; spanische Stiefel

Himmelhohes Bürohaus:
Die vierundsechzig Stockwerke
des Messeturms

zieht man aus dieser Würde und einen Knebel für verzerrte Gesichter, die dadurch doppelt lustig werden. Sieger der Meisterschaft ist das Paar, welches zuletzt auf dem Tanzparkett zusammenbricht. An die 20 Paare haben bereits umsonst geschafft, manche nach über 300 Stunden Tanz. Sie tragen nichts davon als ein krankes Herz und die Pfiffe der Galerie.«

Gewiß, das sind nicht die Sorgen des literarischen Spaziergängers. Der sucht hier gemütlich nach schriftlichen Zeugnissen für einen der wichtigsten Warenumschlagplätze Europas, und natürlich ist die historische Schatztruhe voll davon. Schon Till Eulenspiegel (14. Jahrhundert) und Shylock (*Der Kaufmann von Venedig*) trieben sich auf der Frankfurter Messe herum, die ihre Privilegien bis auf Kaiser Friedrich Barbarossa zurückführen kann. Doch was auch immer die reisenden Dichter in der Folgezeit über die berühmte Handelsstadt am Kreuzungspunkt der europäischen Fernstraßen schrieben, es bezog sich auf einen Marktplatz, der sich – wie wir schon wissen – vom Main hinauf zur Zeil zog und mit dem modernen Messegelände zwischen Güterbahnhof und Autobahn nichts gemein hat. Und Interstoff und »Interklo«, Automobil- und Büroausstellung sind noch nicht maßgeblich in die Literatur eingegangen.

Bleibt selbstverständlich die Buchmesse. Allein die Klagen der literarischen Zunft über die alljährliche Versammlung dessen, was die Zunft hervorgebracht hat, füllen schon Bände für künftige Messen. Wir, die nun quer durchs Westend zurückwandern zum Opernplatz oder, am Hammering Man vorbei, zum Hauptbahnhof, begnügen uns mit der noch immer aktuellen »bibliographischen

Grille« eines Messebummlers aus dem Jahre 1959. Er hieß Theodor W. Adorno und schrieb folgendes: »Beim Besuch einer Buchmesse ergriff mich eine sonderbare Beklemmung. Als ich suchte zu verstehen, was sie mir anmelden wollte, ward ich dessen inne, daß die Bücher nicht mehr aussehen wie Bücher. Die Anpassung an das, was man zu Recht oder Unrecht für die Bedürfnisse der Konsumenten hält, hat ihre Erscheinung verändert. Bucheinbände sind, international, zur Reklame für das Buch geworden. Jene Würde des in sich Gehaltenen, Dauernden, Hermetischen, das den Leser in sich hineinnimmt, gleichsam über ihm den Deckel schließt wie die Buchdeckel über dem Text – das ist als unzeitgemäß beseitigt. Das Buch macht sich an den Leser heran; es tritt nicht länger auf als ein für sich Seiendes, sondern als ein für Anderes, und eben darum fühlt sich der Leser ums Beste gebracht. Selbstverständlich gibt es, bei literarisch strengen Verlagen, noch Ausnahmen; es fehlt auch nicht an solchen, denen es selber unbehaglich ist, und die das gleiche Buch in doppelter Ausstattung herausbringen, einer stolz unscheinbaren und einer, die mit Männchen und Bildchen den Leser anspringt. Deren bedarf es nicht einmal stets.«

Beschwingter Dosenpalast:
Die Wandelhalle der Städtischen Bühnen

»Daß Unserm Miste solche Blum entsprossen«

Fünfter Spaziergang: Vom Theaterplatz über den Anlagenring zum Main

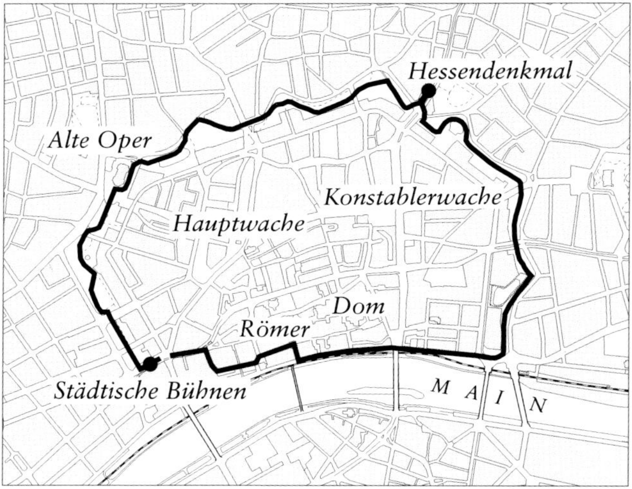

Willy-Brandt-Platz (Städtische Bühnen) – durch die Gallusanlage – Taunusanlage – Opernplatz – rechts an Alter Oper vorbei – Bockenheimer Anlage (links am Teich entlang) – am Nebbienschen Gartenhäuschen auf die Straße »Bockenheimer Anlage« – durch die Eschenheimer Anlage – Friedberger Landstraße (Hessendenkmal) – durch die Friedberger Anlage – Allerheiligenstraße – Obermainanlage – Schöne Aussicht – Mainkai – Fahrtor – Alte Mainzer Gasse – Seckbächer Gasse – Weißfrauenstraße – Willy-Brandt-Platz

Der Theaterplatz ist nicht der Opernplatz – und er heißt auch nicht mehr Theaterplatz. Vor einigen Jahren wurde er nach dem Bundeskanzler und Friedensnobelpreisträger Willy Brandt benannt, aber noch immer erstreckt er sich über die volle Länge vor der Theaterdoppelanlage für Oper und Schauspiel der Städtischen Bühnen. Weithin schimmern die Leichtmetallwolken, die Zoltan Kemeny unter die Wandelhallendecke gehängt hat, durch die Glasfront. »Dosenpalast« nannte der Volksmund denn auch gleich die neue moralische Anstalt, in der die dramatischen Künste zwischen 1951 und 1963 nach und nach den Betrieb wiederaufnahmen. Das Sprechtheater, nach dem Krieg zunächst im Börsensaal untergebracht, setzte sich damals vor allem für Bertolt Brecht ein: sein Kopf steht heute im Foyer. Zweimal kam der Meister persönlich zu Proben nach Frankfurt; freilich blieb er nicht lang genug, wie sein Verleger Peter Suhrkamp in einem Brief vom 16. November 1952 an den »lieben Brecht« bedauert: »Die Aufführung vom ›Guten Menschen von Sezuan‹ gestern abend war vor dem Premierenpublikum ein besonders guter Erfolg. Allerdings bin ich zweifelhaft, ob er vor dem Durchschnittspublikum andauern wird. Die Leute hier lassen sich nicht gern Unannehmlichkeiten sagen, sondern entziehen sich dem natürlicherweise. Und die Aufführung hat nicht die Leichtigkeit erreicht, die notwendig ist, damit alles abgenommen wird. … Hätten Sie eine Woche oder zehn Tage hier sein können, wäre das Stück meines Erachtens ein sehr großer Erfolg geworden.

Gefeierter Dichter:
Schiller-Denkmal vor der Deutschen Bank

Trotz der gelungenen Aufführung sehe ich im Anschluß doch eine Kampagne anrollen.«

Die Kampagne kam, und seitdem hat das Theater manche Kampagne überstanden. Wie eine Festungsinsel liegt der kantige Musentempel, vom städtischen Verkehr umspült, auf halbem Weg zwischen Hauptbahnhof und Hauptwache. Schon auf unserem ersten Spaziergang haben wir hier vor dem Eurotower am Willy-Brandt-Platz haltgemacht, um an der Ecke Kaiserstraße/Gallusanlage Schwanthalers mächtigem Goethe-Denkmal unsere Ehrerbietung zu erweisen. Wandern wir in dieser Grünanlage ein paar Meter weiter, über die Straße »Taunustor« hinweg, stehen wir schon vor dem nächsten hoch aufgerichteten Erzguß-Dichter: Friedrich Schiller war in den achtziger Jahren des 18. Jahrhunderts ein paarmal in Frankfurt, inkognito zunächst, dann aber – wie er 1784 in einem Brief schrieb – »von Fresserei zu Fresserei herumgerissen« als gefeierter Autor der *Räuber*, des *Fiesco* und des zum Teil in dieser Stadt konzipierten Trauerspiels *Kabale und Liebe*. Und gehen wir an Schiller links vorbei, treffen wir prompt auch noch auf Georg Kolbes 1913 geschaffenes erstes deutsches Heine-Denkmal, das in der Obhut des Städelschen Kunstinstituts unter der listig gewählten Bezeichnung »Frühlingslied von Kolbe« 1940 sogar die Metallspende des deutschen Volkes überstanden hat.

Heinrich Heine, vermutlich, wär's egal gewesen, was die Bürgersleute mit den nackten Jugendfiguren zu seinen Ehren angestellt hätten. Hat er sich doch schon über die langen Denkmal-Geburtswehen für seinen Nachbarn Goethe mit einem despektierlichen Sonett lustig gemacht:

»Hört zu, ihr deutschen Männer, Mädchen, Frauen,
Und sammelt Subskribenten unverdrossen;
Die Bürger Frankfurts haben jetzt beschlossen:
Ein Ehrendenkmal Goethen zu erbauen.

›Zur Meßzeit wird der fremde Krämer schauen‹ –
So denken sie – ›daß Wir des Manns Genossen,
Daß Unserm Miste solche Blum entsprossen,
Und blindlings wird man Uns im Handel trauen.‹

O, laßt dem Dichter seine Lorbeerreiser,
Ihr Handelsherrn! Behaltet Euer Geld.
Ein Denkmal hat sich Goethe selbst gesetzt.

Im Windelnschmutz war er Euch nah, doch jetzt
Trennt Euch von Goethe eine ganze Welt,
Euch, die ein Flüßlein trennt vom Sachsenhäuser!«

Dem lyrischen Spötter also können wir uns nicht anvertrauen auf unserem fünften Spaziergang, der uns – im Zackenkranz der alten Wallanlagen – von Denkmal zu Denkmal rund um die innere Stadt führt. Gleich rechts gegenüber dem Heine-Frühlingslied erhebt sich auf einem kleinen Hügel noch ein von Kolbe entworfenes Werk, eine »dem Genius Beethovens« geweihte Figurengruppe, in der sich der überlebensgroße nackte Genius von zwei halbbekleideten weiblichen Genien mit kräftigen Ellenbogen absetzt. Und wenn wir den Beethoven-Hügel auf der anderen Seite hinuntersteigen, die Junghofstraße überqueren und die Taunusanlage ein paar Meter weitergehen, steht links auch schon, wieder leicht erhöht, die

Besudeltes Frühlingslied:
Kolbes Heine-Denkmal in der Taunusanlage

Büste des Mannes, dem wir die ganze Wanderung zu danken haben. Jakob Guiollett, Anfang des 19. Jahrhunderts als Bürgermeister nach Frankfurt gekommen, um für den von Napoleon eingesetzten neuen Herrn der Stadt, den Großherzog Karl Theodor von Dalberg, ein fürstliches Quartier herzurichten, erkannte bald, daß auch für die Bevölkerung etwas getan werden mußte, um sie bei französischer Laune zu halten. Zwar hatte der Rat der Stadt schon beschlossen, den nutzlosen Befestigungsring um die Altstadt abtragen zu lassen. Aber erst Guiolletts Idee, an die Stelle der alten Wälle »Promenaden und Spaziergänge« anzulegen, ließ die Schleifarbeiten zügig vorankommen. Dazu öffnete er auch mit mancher List die Privatkasse des Herrn von Dalberg, und er verpflichtete in Sebastian Rinz (auch er hat natürlich sein Denkmal) einen Gärtner, dem in sechs Jahren die Bepflanzung des ganzen – ohne die Mainpromenade fünf Kilometer langen – Rings glückte.

Alexandre Dumas, der Ältere, der *Die drei Musketiere* geschrieben hat und *Der Graf von Monte Christo*, war 1838 in der Stadt. In seinen *Excursions sur les bords du Rhin* fand die Begeisterung über die neuen Grünflächen schon bald die angemessenen Worte: »Von den Stadtmauern spricht man nicht mehr: Statt der alten Mauern und der sumpfigen Gräben haben die Frankfurter einen reizenden englischen Garten erstehen sehen, einen charmanten und duftenden Gürtel, der einen Rundgang um die Stadt unter herrlichen Bäumen und auf sandbestreuten Wegen erlaubt. So erscheint Frankfurt mit seinen weiß, pistaziengrün und rosa gestrichenen Häusern wie ein riesiger Kamelienstrauß, umgeben von Heidekraut. Das Grab des Bürgermeisters, der die Idee zu dieser Verbesserung hatte, erhebt sich inmitten dieses reizenden Labyrinths, das die Bürger und ihre Familien jeden Tag um fünf Uhr bevölkern.«

Nun, ganz so idyllisch wie dem älteren Dumas präsentiert sich der Anlagenring dem neueren Spaziergänger nicht mehr; die moderne Großstadt braucht natürlich ein paar kräftige Schneisen durch ihren inneren Gürtel. Doch über weite Strecken werden wir von Bäumen, Büschen und Büsten begleitet, und wo wir, wie jetzt auf dem Opernplatz, eine größere Straßenfläche überqueren müssen, ist die künstliche Unterbrechung des natürlichen Weges gar nicht so übel. Wir gehen rechts an der Alten Oper vorbei – und schon sind wir in der nächsten, der Bockenheimer Anlage, deren zentralen Teich wir links umwandern. Hinter dem Wasser, wiederum etwas links, steht ein – heute für kleine Ausstellungen genutztes – Gartenhaus, das sich der Verleger Marcus Johann Nebbien im Jahre 1810 von dem französischen Architekten Salins de Montfort entwerfen ließ, als er zum dritten Mal in den heiligen Stand der Ehe trat. Das Häuschen erinnert Historiker, Stadtväter und Bauherren nicht nur an blühende biedermeierliche Gartenkultur, sondern auch an das strenge »Wallservitut«, das nach der Schleifung der Festungswälle den Grundstückskäufern zur Auflage machte, binnen Jahresfrist ihren neuerworbenen Festungsboden als Gärtlein anzulegen und Gebäude nur in oberster Lage zu errichten. Das gab der Stadt später immer wieder die Möglichkeit, private Wallgärten zur Verbreiterung der öffentlichen Anlagen zurückzukaufen; das macht es ihr glücklicherweise aber auch heute noch schwer, Ausnahmegenehmigungen zu erteilen.

Erstes Ferngespräch:
Philipp-Reis-Denkmal in der Eschenheimer Anlage

Wie ein schönes bürgerliches Wohnhaus in der ersten Hälfte des 19. Jahrhunderts auszusehen hatte, kann man noch am Objekt studieren, wenn man direkt hinter dem Nebbienschen Gartenhäuschen die Straße der Bockenheimer Anlage überquert und dann etwas nach rechts geht bis zur Nummer 3, einer klassizistischen Villa, die nach Plänen und Motiven Moritz von Schwinds gebaut wurde. Der Maler wohnte 1846/47 freilich nur ein knappes Jahr darin; sein von der Städel-Stiftung bestelltes Historiengemälde *Der Sängerkrieg auf der Wartburg* fand nämlich nicht die erhoffte Aufmerksamkeit, und so zog er weiter nach München. Ja, es ist schwer, sich durchzusetzen in Frankfurt; die Denkmäler kommen erst später. So wie das für Philipp Reis, den ersten Erfinder des Telefons. Wir erreichen seine Gedenkstätte, wenn wir nach dem Schwind-Haus die Bockenheimer Anlage weitergehen, die Eschersheimer Landstraße überqueren und halbrechts in den nächsten Anlagen-Abschnitt einbiegen. Am Eingang dieses Parkteils erinnert eine in Stein gehauene Szene an die erste Vorführung des Fernsprechapparats im Frankfurter Physikalischen Verein am 26. Oktober 1861. Die Übertragung des Testsatzes »Das Pferd frißt keinen Gurkensalat« funktionierte recht gut; trotzdem hielten die Zeitgenossen Philipp Reis' Erfindung für einen Scherzartikel.

Auf unserer Frankfurter Ehrenrunde befinden wir uns nun in der Eschenheimer Anlage, die freilich nur noch einen Mann herausstellt: den Pfarrer, Pädagogen, Politiker und ersten wissenschaftlichen Stadtgeschichtsschreiber Anton Kirchner. Seine Büste finden wir, nach Überquerung der Petersstraße, auf einem hohen Sockel, gestiftet von »dankbaren Mitbürgern« zum hundertsten

Geburtstag 1879. Selbst der kritische Goethe nannte den beredsamen und praktisch vielfältig tätigen Theologen einen »Lichtkopf«, der allerdings über sein stattliches Werk hinaus noch einiges andere zustande gebracht hätte, wenn der dazugehörige Leib nicht so dick gewesen wäre. Wie dem auch sei – allein mit der auf zwei Bände gediehenen *Geschichte der Stadt Frankfurt am Main* und den ebenfalls zweibändigen *Ansichten von Frankfurt am Main, der umliegenden Gegend und den benachbarten Heilquellen* hat sich Anton Kirchner sein schattiges Plätzchen im Anlagenring verdient. Und die Musik dazu macht Engelbert Humperdinck: Im vierten Stock des braunen Eckhauses Nr. 14, das halb links vom Denkmal durch die Bäume schimmert, soll *Hänsel und Gretel* entstanden sein – nach einem Märchenspiel von Adelheid Wette, der Schwester des Komponisten.

Ach ja. Der Spaziergänger wird nun vielleicht etwas ungeduldig. Er sucht die Literatur auf seinem Weg, und also eilt er nun den Rest der Eschenheimer Anlage nach rechts hinunter, überquert am martialischen Marmorwürfel des Hessendenkmals die Friedberger Landstraße, marschiert in der nächsten Anlage links am Weiher vorbei, würdigt die Büste des Bankiers Simon Moritz von Bethmann nur eines knappen Blicks, dankt dann kurz dem sitzenden Stadtgärtner Rinz für die schöne Bepflanzung, geht über das östliche Ende der Zeil – und schon befindet er sich wieder auf dem heiligen Boden der Dichtung. Denn hier, am Allerheiligentor, wo die lange Straße nach Hanau anfängt, wohnen Wilhelm Raabes komische Helden in der Erzählung *Eulenpfingsten.* Ein kleiner Streit unter guten Nachbarn bringt da einige Unruhe in die spätbiedermeierliche Idylle am Rande der Stadt, doch der segensreiche Einfluß einer handfesten Tante aus Amerika stellt die alte Ordnung alsbald wieder her. Der Ort der Handlung, liebevoll geschildert, ist noch spürbar; nur die Gegend hat sich etwas verändert:

»Sie stiegen nunmehr in die kühle, angenehme Wohnung des Herrn Rathes hinauf, und sofort trat Tante Lina, auf deren Stirn jetzt das Abendroth wirklich in sehr ernstem Sinne glühte, auf den Balkon, warf einen prüfenden Blick nach rechts und links in die Hanauer Landstraße und auf das zierliche Haus hinter dem niedrigen eisernen Gitter gegenüber. Es interessirte sie doch sehr. Über das Gitter wuchs und hing dichtes maigrünes Gebüsch, und hinter dem Busch stand der Nachbar Nürrenberg im langen grünen Schlafrock und hatte die erloschene Pfeife an den Strauch gelehnt. Gespannt vigilirte er seit dem Vorfahren der Droschke auf die Fenster des Nachbars Nebelung. Jetzo erblickte er die Tante auf dem Balkon und sah, wie sie sich graziös über die Balustrade beugte. ›Da ist sie also!‹ murmelte er, und hastig tief in die Tasche seines Schlafrocks greifend, riß er ein Opernglas hervor und starrte auch da hindurch. ›Hm‹, sagte er ›eine gediegene, eine würdige Persönlichkeit. Gut gearbeitetes Deckblatt. Ei, ei, hm, hm, es ist mir doch unangenehm, daß diese Meinungsverschiedenheit gerade heute zu Tage treten mußte. Und was konnte ich dafür? Nun, zum Teufel, hätte der leidige Satan nicht bereits die ganze Dynastie geholt, so würde ich sie ihm in diesem Moment zu schleuniger Berücksichtigung anempfehlen.‹«

Der bedächtige Text mag uns nun in die Lage versetzen, das letzte Stückchen des Anlagenrings in Ruhe zu genießen. Man trifft im Weiterschreiten noch auf zwei gelehrte Schriftsteller: Gotthold Ephraim Lessing, der mit Frankfurt nichts im Sinn hatte, und Arthur Schopenhauer, der sich gerade diese Stadt nach langem Überlegen als Lebensraum ausgesucht und schließlich fast dreißig Jahre in ihr gewohnt hat. Die Gründe, die – gegen die Alternative Mannheim – für Frankfurt sprachen, schrieb er in Englisch auf den Deckel eines Rechnungsbuchs: »Gesundes Klima. Schöne Gegend. Annehmlichkeiten großer Städte. Abwechslung großer Städte. Besseres Lesezimmer. Das Naturhistorische Museum. Besseres Schauspiel, Oper und Konzerte. Mehr Engländer. Bessere Kaffeehäuser. Kein schlechtes Wasser. Die Senckenbergische Bibliothek. Keine Überschwemmungen. Weniger beobachtet. Die Freundlichkeit des Platzes und seiner ganzen Umgebung. Du bist uneingeschränkter und weniger mit Gesellschaft behelligt, die der Zufall, nicht deine Wahl dir gibt, und hast die Freiheit, dir mißliebigen Umgang abzuschneiden und zu meiden. Ein geschickter Zahnarzt und weniger schlechte Ärzte. Keine so unerträgliche Hitze im Sommer. Das Physikalische Kabinett.«

Der Philosoph, der, wie wir sehen, im Umgang kein einfacher Mann war, steht an einem der ruhigsten Plätzchen des Grüngürtels, an der südlichen Spitze des Rechneiweihers in der Obermainanlage. Hier ging er oft spazieren, um mit seinen Gedanken allein zu sein, ja, hier wanderte er sogar noch lang nach seinem Tod auf geheimnisvolle Weise herum. Denn ursprünglich, das heißt 1895, war das Denkmal von Friedrich Schierholz am andern Ende des Teichs aufgestellt worden, mit einem Sockel, an dessen Fuß eine Sphinx genauso grimmig wie der Privatgelehrte oben auf eine Menschheit guckte, die ihre eigenen Rätsel nicht lösen kann. Aber plötzlich, 1951, verschwand die Bronzebüste mit dem überdimensionalen, von einem stattlichen Haarkranz eingefaßten Denkerhaupt in der Nacht zum 14. März. In einem Keller fand die Polizei sie später; am neuen Ort, ohne den sphinxgeschmückten Sockel, wurde sie 1952 wieder aufgestellt. Ein Diebstahl von Liebhabern? Kaum zu glauben bei der deutlich vorgelebten Misanthropie des Philosophen.

Schopenhauer liebte die Frankfurter nicht, und auch an Frankfurt schätzte er nichts so sehr wie die Ruhe, die man ihm ließ. Wenn sie gestört wurde, konnte er grimmig werden – wie in dem Aufsatz *Über Lärm und Geräusch*, der in dieser Stadt entstanden ist: »Nunmehr aber, vom Genus auf die Spezies übergehend, habe ich als den unverantwortlichsten und schändlichsten Lärm das wahrhaft infernale Peitschenklatschen in den hallenden Gassen der Städte zu denunzieren, welches dem Leben alle Ruhe und alle Sinnigkeit benimmt. Nichts gibt mir vom Stumpfsinn und der Gedankenlosigkeit der Menschen einen so deutlichen Begriff wie das Erlaubtsein des Peitschenklatschens. Dieser plötzliche, scharfe, hirnlähmende, alle Besinnung zerschneidende und gedankenmörderische Knall muß von jedem, der nur irgend etwas einem Gedanken Ähnliches im Kopfe herumträgt, schmerzlich empfunden werden; jeder solcher Knall muß daher Hunderte in ihrer geistigen Tätigkeit, so niedriger Gattung sie auch immer sein mag, stören: dem Denker aber fährt er durch seine Meditationen so schmerzlich und verderblich wie das Richtschwert zwischen Kopf und Rumpf. Kein Ton durchschneidet so scharf das Gehirn wie dieses vermale-

Lärmfreie Zone:
Schopenhauer-Denkmal am Rechneiweiher

deite Peitschenklatschen: man fühlt geradezu die Spitze der Peitschenschnur im Gehirn, und es wirkt auf dieses wie die Berührung auf die Mimosa pudica, auch eben so nachhaltig. Bei allem Respekt vor der hochheiligen Nützlichkeit sehe ich doch nicht ein, daß ein Kerl, der eine Fuhr Sand oder Mist von der Stelle schafft, dadurch das Privilegium erlangen soll, jeden etwan aufsteigenden Gedanken in sukzessive zehntausend Köpfen (eine halbe Stunde Stadtweg) im Keime zu ersticken. Hammerschläge, Hundegebell und Kindergeschrei sind entsetzlich; aber der rechte Gedankenmörder ist allein der Peitschenknall.«

Guter Schopenhauer. Was würde er sagen heute, wenn er mit uns von seinem Denkmal aus nun die paar Schritte zum Main hinunterginge, wo der Verkehrslärm an der Brücke kaum mehr einen Gedanken zuläßt? Hätte er überhaupt noch einen Blick für den Portikus rechts an der Ecke, der von der alten Stadtbibliothek übriggeblieben ist? Über die etwas küchenlateinisch anmutende ursprüngliche Inschrift hat er sich seinerzeit vehement geärgert; erst 1939, lang nach dem Tod des Philosophen, setzte man dessen grammatikalisch eleganteren Formulierungsvorschlag unter den Giebel: »Litteris recuperata libertate civitas – Den Studien (gewidmet von der) der Freiheit wiedergegebenen Stadt«. Immerhin, er könnte, wenn er nun die Straße mit dem alten Namen »Schöne Aussicht« entlangginge, sich doch etwas freuen darüber, daß die Stadt – neben Sofa und Spazierstock, Brillen und Büchern (im Schopenhauer-Archiv, Bockenheimer Landstraße 102) – seine Altsprachkenntnisse in Ehren hält. Seine letzte Wohnung freilich, im Haus Nr. 16 an der nächsten Brücke, fände er nicht mehr: Ein Bistro, in dem er niemals gegessen hätte, beherrscht nun die Ecke an der Kurt-Schumacher-Straße; dem unauffälligen Hinweis hoch über dem Hauseingang daneben, hier sei Arthur Schopenhauer am 21. September 1860 gestorben, könnte er kaum trauen.

Und es war doch einmal so gemütlich hier. Rudolf G. Binding, der einen Teil seiner Kindheit im Haus der Großeltern, Schöne Aussicht Nr. 11, verbracht hat, schrieb immer nur begeistert über Frankfurt, weil er es von seiner schönsten Seite kannte. Noch in seiner Autobiographie *Erlebtes Leben* (1927) schildert er eine behagliche Welt: »Zum Bild des Mains, wie wir es damals von den Fenstern der großelterlichen Wohnung in uns aufnahmen, gehörten auch immer eine Anzahl Angler, die eine ziemlich harmlose Jagd auf kleine Weißfische machten. ... Nun weiß jeder der die Verhältnisse kennt, daß da vor den Häusern der Schönen Aussicht erst die Straße lief, dann die hohe Ufermauer abfiel, unten dann die Geleise der Mainuferbahn auf einem immerhin erhöhten Damm sich hinzogen, danach der Leinpfad und davor erst die Steine und der Sand des Ufers zu überschreiten waren um ans Wasser zu gelangen. Aber das kümmerte uns vorerst nicht. Wir machten uns aus einem Stock des Großvaters, einer Schnur und einer umgebogenen Stecknadel ein primitives Angelgerät zurecht, für jeden eines, und angelten zum Fenster hinaus. Ganz folgerichtig betrachteten wir die Menschen auf dem Bürgersteig als die Fische die sich fangen und anbeißen sollten, und führten also unsere Angelhaken artig und verlockend in Mund- und Nasenhöhe der Vorübergehenden hin und her. Es dauerte nicht lange als die Klingel ging und der dicke Polizeiwachtmeister erschien: ›Frau Rat! Das geht nit‹, sagte er betreten, ›die Leut' beschwer'n sich!‹ Die Großmutter lachte, versprach Abhilfe und wir mußten unsere Angelruten einziehn. Aber wir drängten nun nach dem Main...«

Nicht so der literarische Spaziergänger: Er wird sich den Fluß zu seiner Linken für die nächste Tour aufheben. Wir halten also, während wir nun nach Überquerung der Kurt-Schumacher-Straße den Mainkai entlanglaufen, den Blick streng nach rechts gerichtet. So entgeht uns der Pfarrturm nicht, der sich plötzlich aus dem nächsten Gäßchen drängt, und so übersehen wir dann auch nicht die mittelalterliche Stadt-Pforte des »Fahrtors« gegenüber dem Eisernen Steg. An der Ecke steht noch ein spätgotischer Wehrturm der ehemaligen Stadtbefestigung, der 1456 erbaute Rententurm, in dem Fritz von Unruh seit 1927 ein »lebenslängliches Wohnrecht« hatte, auf das er freilich unter dem Druck der Nationalsozialisten schon ein paar Jahre später wieder verzichten mußte. Der vom preußischen Garde-Offizier zum wortgewaltigen Pazifisten gewandelte Schriftsteller war mit Frankfurt auf mannigfache Weise verbunden: Einige seiner – immer vom Skandal bedrohten – Theaterstücke wurden hier uraufgeführt, und seine großen Reden, ob zu Goethes neunzigstem Todestag oder zum hundertsten Jahrestag der ersten deutschen Nationalversammlung, gehören zur stolzen Stadtgeschichte.

So befindet sich die Gedenktafel am Rententurm in angemessener Gesellschaft. Gleich hinter dem Turm wacht Karl der Große in Sandstein vor dem Eingang zum Historischen Museum, und gegenüber steht das einzige aus dem mittelalterlichen Frankfurt erhalten gebliebene Fachwerkhaus, das schon im 14. Jahrhundert als »Haus Wertheim« bekannt war. Gleich daneben beginnt die Alte Mainzer Gasse. Links, zum Mainkai hinunter, müssen wir uns das Haus »Zum alten Wetterhahn« denken, in dessen Musiksaal Felix Mendelssohn Bartholdy im Jahre 1837 die Hochzeit mit der Pfarrerstochter Cécile Jeanrenaud feierte. Und gehen wir die Gasse weiter, an St. Leonhard vorbei, der zweitältesten Kirche der Stadt, stoßen wir rechts alsbald an die gestreifte »Klostermauer« des Museums für Vor- und Frühgeschichte, das Josef Paul Kleihues an die alte Karmeliterkirche baute. Der schwäbische Maler Jörg Ratgeb hat in deren Kreuzgang lebensgroße Szenen aus dem Neuen Testament hinterlassen, wunderbare Farbenspiele vom Anfang des 16. Jahrhunderts. Wenn wir aber die Augen schließen, mögen wir uns auch vorstellen, wie es war, als am Ende jenes Säkulums der von der Inquisition verfolgte Ketzer und Gelehrte Giordano Bruno bei den Frankfurter Karmelitern vorübergehend Unterschlupf fand. Man druckte in der Stadt seine lateinischen Lehrgedichte, aber dem Mann, von dem selbst Goethe später nicht recht wußte, »wo er eigentlich hinaus will«, begegnete man mit Mißtrauen. Der Verrat blieb nicht aus. In Frankfurt erreichte ihn eine briefliche Einladung nach Venedig; dort steckte man ihn in den Kerker. Am 17. Februar des Jahres 1600 wurde Giordano Bruno auf dem Campo dei fiori in Rom verbrannt. Er hätte am Main bleiben sollen. Aber während wir hinter dem Museum rechts über die Seckbächer Gasse und dann nach links über die Weißfrauenstraße zum Theaterplatz zurückwandern, der nun Willy-Brandt-Platz heißt, denken wir doch noch ein wenig nach über den unbeirrten Lauf der Geistesgeschichte. »Denn wie der, der das Eine nicht versteht, nichts versteht, so versteht der alles, der wahrhaft das Eine versteht«, schrieb Bruno in seinem wohl wichtigsten Werk *De la causa, principio ed uno*, »und wer sich der Erkenntnis des Einen mehr annähert, kommt auch der Erkenntnis von allem näher.« Und schon stehen wir wieder vor dem Eurotower.

Schöne Frankfurterin:
Der Märchenbrunnen in der Untermainanlage

»Ach, um deine feuchten Schwingen«

Sechster Spaziergang:
Vom Theater den Main entlang
zur Gerbermühle

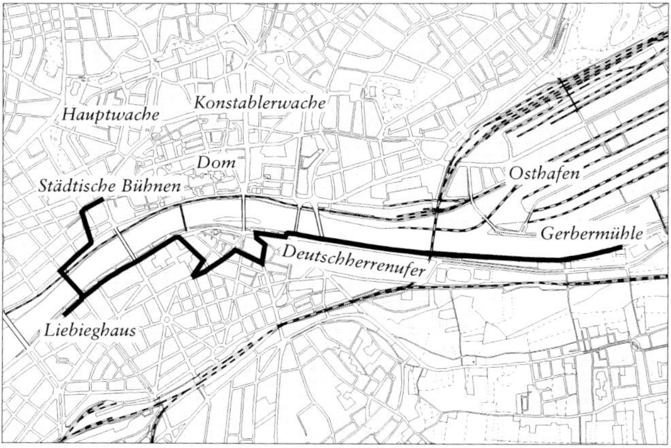

Willy-Brandt-Platz – durch die Untermainanlage – Untermainkai – »Nizza« – am Main entlang – Holbeinsteg – Schaumainkai (bis Liebieghaus) – Schaumainkai zurück (bis Museum für Kunsthandwerk) – Schifferstraße – Oppenheimer Straße/ Stegstraße – Walter-Kolb-Straße – Elisabethenstraße – Paradiesgasse – Deutschherrnufer – vor der Obermainbrücke zum Fluß hinunter – bis zur Gerbermühle

Der Frankfurter Hauslehrer Friedrich Hölderlin dichtete sich aus der Stadt hinaus geradewegs nach Griechenland. Als poetisches Transportmittel diente ihm der Main, dem er denn auch ein eigenes Gedicht widmete. Dessen letzte Verse lauten:

»Zu euch vielleicht, ihr Inseln! gerät noch einst
Ein heimatloser Sänger; denn wandern muß
Von Fremden er zu Fremden, und die
Erde, die freie, sie muß ja, leider!

Statt Vaterlands ihm dienen, solang er lebt,
Und wenn er stirbt – doch nimmer vergeß ich dich,
So fern ich wandre, schöner Main! und
Deine Gestade, die vielbeglückten.

Gastfreundlich nahmst du, Stolzer! bei dir mich auf
Und heitertest das Auge dem Fremdlinge,
Und still hingleitende Gesänge
Lehrtest du mich und geräuschlos Leben.

O ruhig mit den Sternen, du Glücklicher!
Wallst du von deinem Morgen zum Abend fort.
Dem Bruder zu, dem Rhein, und dann mit
Ihm in den Ozean freudig nieder!«

Das lassen wir uns nicht zweimal sagen. Vom Theater aus gehen wir nunmehr nicht den großen Grüngürtel-Umweg zum Fluß, sondern direkt – die Künstlergarderobenfront der Oper links liegenlassend – nach Süden durch die Untermainanlage. Hier stoßen wir sogleich auf den kolossalen Märchenbrunnen Friedrich Hausmanns, das wunderbarste Jugendstil-Zeugnis der Stadt. Die weiße Marmornixe obenauf gilt als das Urbild der schönen Frankfurterin; sie zieht uns nun unwiderstehlich hinunter zum Wasser, über die Hofstraße hinweg, an einem Parkhaus vorbei, zum Untermainkai. Dort empfängt uns ein chinesisches Restaurant namens »Nizza«, und wenn wir an ihm vorbei das Treppchen hinabgestiegen sind, wissen wir, warum das Lokal so heißt. »Nizza« nennen die Frankfurter ihren subtropisch bepflanzten Garten zwischen Friedens- und Untermainbrücke; hier wachsen Feigenbäume, Lorbeer, Zitronen und Zedern, und wem die Natur nicht alles ist, der hat über den Main hinweg auch den herrlichsten Kunst-Blick: Ein Museum reiht sich drüben ans andere, herausragend immer noch die klassizistische Front des Städelschen Kunstinstituts, über dessen Eingang Albrecht Dürer und Hans Holbein der Jüngere in Sandstein wachen.

Vormals, im vorigen Jahrhundert, gab sich das »Nizza« allerdings nicht ganz so beschaulich. Da war hier die »Mainlust«, ein praterähnlicher Vergnügungspark mit Musikpavillons und Lichtspielen, ein Treffpunkt der geselligen Vereine, der schließlich der Hafenbahn weichen mußte. Aber die Landschaft war nicht weniger attraktiv als heute. Der französische Romantiker Gérard de Nerval, der als Neunzehnjähriger Goethes *Faust* übersetzte und als Dreißigjähriger zum erstenmal in Frankfurt war, ließ in seinen *Empfindungen eines reisenden Enthusiasten*

Schlanker Panther:
Danneckers »Ariadne« im Liebieghaus

1838 der Begeisterung freien Lauf: »Von dem eleganten Pavillon, der den Garten beherrscht, bewundert man eine der schönsten Aussichten der Welt. Frankfurt breitet sich auf dem linken Ufer aus, mit seinen Kais, die von einem Wald von Masten gesäumt sind, und rechts die Vorstadt Sachsenhausen, die eine gewaltige Brücke mit der Stadt verbindet; Paläste mit freundlichen Terrassen, lange Reihen von Gärten und Reste von alten Türmen verschönern die Ufer des Flusses, in den die Abendsonne wie ins Meer eintaucht, während die Kette des Taunus in der Ferne mit bläulichen Zacken den Horizont abschließt. Das ist einer dieser schönen und vollkommenen Eindrücke, an die man sich ewig erinnert; eine alte Stadt, eine herrliche Landschaft, eine weite Wasserfläche – das ist ein Schauspiel, das in einer wunderbaren Harmonie alle Werke Gottes, des Menschen und der Natur vereint.«

Der literarische Spaziergänger begnügt sich natürlich nicht mit dem Panorama, er sucht die Nähe der Details. Er folgt also dem Gleis der alten Hafenbahn stromabwärts bis zur nächsten Fußgängerbrücke, dem kühn geschwungenen Holbeinsteg, geht über den Fluß und betritt das Museumsufer. Nein, er besucht nicht gleich das Städel direkt vor ihm, sondern wendet sich auf dem Schaumainkai erst noch ein bißchen nach rechts, bis zur Nummer 71, wo hinter der hundertjährigen Villa des Barons von Liebieg das nach ihm benannte Liebieghaus, Museum alter Plastik, mit altägyptischen Mumiensärgen und mittelalterlichen Madonnenbildnissen aufwartet. Und hier hat auch eine Dame Platz gefunden, die einmal Frankfurts berühmtestes Kunstwerk war: Ariadne auf dem Panther, von Heinrich Dannecker aus carrarischem Marmor gehauen und 1816 in Simon Moritz von Bethmanns kleinem Parkmuseum, dem danach so genannten »Ariadneum«, aufgestellt, wurde sehr schnell zum Hauptanziehungspunkt für Reisende aus ganz Europa.

Nicht alle waren dann rundum begeistert. »Gott weiß, daß ich die Magerkeit nicht liebe und die Nacktheit nicht hasse«, schrieb Wilhelm von Humboldt kurz nach der Vernissage an seine Frau Caroline, »aber die Ariadne ist zu dick und zu nackt.« Ganz anders freilich empfand, dreizehn Jahre später, Robert Schumann das korpulent besetzte Raubtier. Der junge Mann aus Zwickau, auf der Durchreise zum Jurastudium in Heidelberg bei der Schönen im Bethmannpark eingekehrt, schrieb voll Entzücken am 25. Mai 1829 an seine Mutter: »Ariadne auf Naxos! Dannecker! – – Denke Dir das schönste, höchste Ideal einer Frau, die stolz und leicht und mit dem Gefühl der eigenen Würde und Schönheit ein schäumendes Pantherthier unter ihren Händen zähmt; das Panther scheint widerstehen zu wollen, aber es schmiegt sich sanft an ihren Händen auf und sie blickt stolz und mit gehobenem Haupte zum Himmel. Wie schön ist das Sinnbild, daß die Schönheit Alles, auch die wildeste Kraft zähmt und fesselt! Der Marmor ist milchblau und der schönste kararische – sie steht in einem mit verschiedenen Vorhängen verdunkelten Gemache; die Sonne schien gerade auf das blendende Roth und der Marmor glänzte wie der durchsichtigste Schneehauch, auf dem eine himmlische Morgenröthe sich abspiegelt. – Genug davon; beschreiben kann man so etwas gar nicht; nur sehen und nur fühlen.« War es ein Wunder, daß sich Robert Schumann hier vom Weiblichen hinanziehen ließ? Clara Wieck, die Tochter seines Klavierlehrers in Leipzig, war schließlich erst neun Jahre alt. Hätte sie den Brief gekannt, hätte sie den ins Vollschlanke verliebten Hochromantiker, der kurz nach seinem Frankfurter Erlebnis das Jurastudium zugunsten der Musik aufgab, vermutlich nicht geheiratet.

Wer sich glücklich getrennt hat von Ariadne und dem Panthertier, der bleibt nun oben auf der Straße, wo ihn die geballte Kultur für eine Weile nicht mehr losläßt. Wir gehen also vom Liebieghaus auf dem Schaumainkai zurück, überqueren die Rembrandt- und die Holbeinstraße und stehen schon wieder vor dem Städel. Berühmte Bilder aus sieben Jahrhunderten, von Dürer bis Uecker, Rembrandt, Tiepolo, Picasso und Botero hängen in diesem ehrwürdigen Mutterhaus des Museumsufers – und erwartungsgemäß findet man hier auch Ernst Ludwig Kirchners bekanntestes Frankfurter Gemälde, den *Westhafen in Frankfurt*, der in natura ja nur eine Autobrücke hinter uns liegt. Gleich nach dem Städel kommt, weil das Kunstinstitut auch onomatologisch gut im Stadtplan liegt, die Dürerstraße, und dann passieren wir in der Reihenfolge ihres Auftretens: das Deutsche Post-, Architektur- und Filmmuseum. Hier an der Untermainbrücke überqueren wir die Schweizer Straße, wo in dem Backsteinhaus mit der Nummer 3, neben dem Café-Restaurant an der Ecke, Max Beckmann in den zwanziger Jahren lebte. Eine Gedenktafel erinnert an den Maler und Grafiker, der als Lehrer an der Städelschule arbeitete und das Frankfurt seiner Zeit in vielen teuren Bildern festhielt. Auch das »Nizza« gegenüber hat er natürlich gemalt und den Eisernen Steg schräg hinter seiner Haustür. Das 1919 entstandene Ölgemälde *Die Synagoge* vom alten Börneplatz wurde erst 1972 von den Frankfurtern erworben – in einer erstaunlich erfolgreichen Spendenaktion für das Städel.

Als Beckmann nach Frankfurt kam, mitten im Ersten Weltkrieg, schrieb Horst Wolfram Geißler, damals ein sehr beliebter Unterhaltungsromancier, seine Frankfurter Vormärzgeschichte *Der letzte Biedermeier*. Wenn wir den Schaumainkai weitergehen, mögen wir an ihn denken. Die Straße liegt nun etwas höher, der Fluß daneben ist in voller Breite zu überschauen, vom andern Ufer grüßt der neue Riesenturm der Commerzbank herüber. Der Roman aber beginnt so: »Es war einmal in Frankfurt, das sich in heiterer Fröhlichkeit an den sanftgebogenen Main hinschmiegte; der war von seiner langen Reise müde geworden, noch weiter sein krauses Band um die deutschen Wälder und Berge zu winden, und glitt nun in ruhiger Fülle durch das wiesige Land, trug träumend breite Kähne mit sich und floß behäbig durch den Sonnenschein. Wiesen, Wiesen, Wiesen! Auch wohl einmal ein Saum von Erlen, die sich im Wasser spiegelten; und ein freundlich rotes Dach hinter blühenden Apfelbäumen. Aber dann traten wieder die weiten grünen Flächen an das Ufer heran. Und über all der wohligen, summenden Weidestille flimmerte ein goldblauer Himmel.«

Ja, diese Idylle sollte man heute am besten ausstellen: im Museum für Völkerkunde, das wir gerade passieren, oder im Museum für Kunsthandwerk gleich daneben. Ersteres hat freilich immer noch die größten Raumprobleme, weiß ja nicht einmal wohin mit seinen 70 000 eigenen Objekten aus Afrika und Indonesien, Australien und Amerika; die meisten Schwirrhölzer, Kopfjäger-Masken und bemalten Büffelhäute lagern im Depot. Also ab mit unserm Biedermeierbildchen ins gigantische Kunsthandwerksmuseum, das der amerikanische Starbaumeister Richard Meier Anfang der achtziger Jahre der klassizistischen Villa Metzler als einen lichten Traum in Glas und Stein angefügt hat. Hier endet (oder beginnt) denn auch die neue Museumsmeile, und es beginnt (oder endet) das alte Sachsenhausen, Frankfurts berühmtester Stadtteil. Seit 1868 führt an dieser Stelle der Eiserne Steg über den Main, ein 165 Meter langes Wahrzeichen, dessen stattliche Baukosten in Höhe von 250000 Goldmark sich die tüchtigen Bürger in sechzehn Jahren selber hereinliefen: Einen Heller kostete damals der einfache Weg zum Apfelwein.

Für uns freilich ist alles umsonst, aber beileibe nicht vergeblich, wenn wir streng auf dem Weg bleiben und uns nicht verführen lassen zu einem Schoppen oder mehr. Wir wenden uns also hinter dem Museum für Kunsthandwerk nach rechts in die Schiffer- und dann gleich noch einmal rechts in die Oppenheimer Straße, wo an der Ecke zur Stegstraße (Nr. 29) ein grünlicher Reihenhausblock steht. Eine Bronzetafel mit Porträtrelief erinnert an Karl Gutzkow, einen der Wortführer des »Jungen Deutschland«, der hier seine letzte Frankfurter Wohnung fand und am 16. Dezember 1878 bei einem durch eine Kerze verursachten Brand das Leben verlor. Er war schon 1835 als junger Redakteur nach Frankfurt gekommen; im selben Jahr erschien sein exzentrischer Frauenroman *Wally, die Zweiflerin* und brachte den Autor erst einmal ins Gefängnis. Später wurde aber selbst dieser gern provozierende Schriftsteller etwas friedlicher. Dem Anschein nach wenigstens.

Zu Goethes hundertstem Geburtstag schrieb Gutzkow

ein Lustspiel, *Der Königsleutnant*, dessen erste Aufführung am 27. August 1849 im Frankfurter Stadttheater sogar noch ein freundlicher Prolog begleitete. Der Festgruß, heißt es darin, »zeigt euch den, den ihr verehrt, als Knaben! / Zeigt euch im Keim schon jene Wechselwirkung / Im Geist des Dichters, Eignes und die Fremde!« Das Stück spielt im Großen Hirschgraben. Da sitzt also im ersten Aufzug der kleine Wolfgang, der eigentlich Latein lernen soll, im Goethehaus und ist verliebt in eine französische Schauspielerin. Und er beginnt zu reimen: »O Belinde! Belinde! Wo ist die Stelle, wo ich Ruhe finde? Am Baum schreib' ich deinen Namen in die Rinde. Am Bache ruf' ich ihn in alle Winde! Im Garten ich ihn gar aus Frühlingsblumen binde!« Nun ja, es fängt jeder einmal an. Aber es ist doch sehr zweifelhaft, ob Goethe über diese Hommage gelacht hätte.

Dem literarischen Spaziergänger kann es egal sein. Er folgt den Spuren der unterschiedlichsten Dichter und läßt sich nicht von lästigen Qualitätsfragen aufhalten. Zielstrebig wendet er nun dem Gutzkow-Haus den Rücken und geht halb links die Walter-Kolb-Straße hinunter, über Schiffer- und Schulstraße hinweg, bis von rechts die Brükkenstraße kommt. Deren Hausnummer 26, die es nicht mehr gibt, weil die Kreuzung zu breit wurde, trug noch bis zum Krieg das stolze Gasthaus »Zu den drei Rindern«, das über dem Eingang zur Wein-Schenke in großen Lettern verkündete: »Hier übernachteten im Jahre 1782 der Dichter Friedrich von Schiller, im Jahre 1790 der Ton-Dichter Wolfgang Amadeus Mozart«. Die Stadthistoriker sind sich heute nicht mehr so sicher, ob die beiden Herren wirklich hier einkehrten; und wenn überhaupt, dann blieben sie nur wenige Nächte, bis sie auf der anderen Seite des Mains ein würdigeres Quartier gefunden hatten. Die Vorstadt war schließlich nicht die Welt, sondern eher ein kurioses Anhängsel – mit seinen eigenen Geschichten freilich. E.T.A. Hoffmann hat im *Meister Floh* eine aufgeschrieben: »Es begab sich, daß ein zartes frommes Schneiderlein zu Sachsenhausen an einem Sonntage gar schön geputzt mit seiner Frau Liebsten aus der Kirche kam. Die Luft war rauh, das Schneiderlein hatte zu Nacht nichts genossen als ein halbes weichgesottenes Ei und eine Pfeffergurke, morgens aber ein kleines Schälchen Kaffee. Wollte ihm daher flau und erbärmlich zumute werden, weil er überdem in der Kirche gar heftig gesungen, und ihm nach einem Magenschnäpschen gelüsten. War die Woche über fleißig gewesen und auch artig gegen die Frau Liebste, der er von den Stücken Zeug, die beim Zuschneiden unter die Bank gefallen, einen propren Unterrock gefertigt. Frau Liebste bewilligte also freundlich, daß das Schneiderlein in die Apotheke treten und ein erwärmendes Schnäpschen genießen möge. Trat auch wirklich in die Apotheke und forderte dergleichen. Der ungeschickte Lehrbursche, der allein in der Apotheke zurückgeblieben, da der Rezeptarius, das Subjekt, kurz, alle übrigen klügeren Leute fortgegangen, vergriff sich und holte eine verschlossene Flasche vom Repositorio herab, in der kein Magenelixier befindlich, wohl aber brennbare Luft, womit die Luftbälle gefüllt werden. Davon schenkte der Lehrbursche ein Gläschen voll; das setzte das Schneiderlein stracks an den Mund und schlürfte die Luft begierig hinunter als ein angenehmes Labsal. Wurde ihm aber alsbald gar possierlich zumute, war ihm, als hätte er ein paar

Flügel an den Achseln oder als spiele jemand mit ihm Fangball. Denn ellenhoch und immer höher mußte er in der Apotheke aufsteigen und niedersinken. ›Ei Jemine, Jemine‹, rief er, ›wie bin ich doch solch ein flinker Tänzer geworden!‹ – Aber dem Lehrburschen stand das Maul offen vor lauter Verwunderung. Geschah nun, daß jemand die Türe rasch aufriß, so daß das Fenster gegenüber aufsprang. Strömte alsbald ein starker Luftzug durch die Apotheke, erfaßte das Schneiderlein, und schnell wie der Wind war es fort durch das offne Fenster in alle Lüfte; niemand hat es wiedergesehen ...«

Bleiben wir auf dem Boden und schauen uns an dieser gespenstischen Straßenkreuzung etwas um, dann erblikken wir wenigstens vorn am Brückenkopf ein vertrauenerweckend standfestes Gebäude, die barocke Dreiflügelanlage des Deutschordenshauses. Als der Bau noch nicht so bombastisch war, Ende des 14. Jahrhunderts, schrieb hier ein unbekannter Priester jene mystische Anleitung zur Vollkommenheit, die Martin Luther später als *Theologia deutsch* höchst erfolgreich unter die Protestanten brachte. Heute befinden sich hinter dem 1965 wiederaufgebauten Gemäuer nur noch das städtische Kulturamt und ein Ikonen-Museum. Aber wir sind immerhin deutlich auf dem rechten Weg, wenn wir kurz vor dem Ordenshaus in die Elisabethenstraße gehen und dann gleich nach links in die Paradiesgasse einbiegen. Das Paradies, das sich hier, wiederum rechts, mit der Kleinen Rittergasse ankündigt, ist allerdings nicht der Garten Eden, sondern jene Insel der seligen Apfelweintrinker, auf der sogar der gefürchtete Theaterkritiker Alfred Kerr einmal landete, als er sich in Frankfurt langweilte: »Die innere Stimme spricht: Geh' nach Sachsenhausen ... Jetzt, am freundlichen Morgen, lachten die winkligen Gäßchen lebfrisch, hoffnungsvoll ins Dasein, vor vielen Häuselchen hing ein grüner Kranz, und auf handgeschriebenen Zetteln war ›Süßer‹ verkündet. Es stand einfach da: Süßer. Das heißt, in Anbetracht der Gegend, Äppelwoi. Vielmehr: Apfelmost. Das Wasser ließ im Munde nicht nach, zusammenzulaufen; das Wasser rauschte, das Wasser schwoll. Unter einem grünen Kranz schritt ich hindurch (es war auch ›Eigene Metzgerei im Haus‹) und trank einen Liter Most.«

Das machen wir natürlich nicht. Vielmehr gehen wir die Paradiesgasse bis hinunter zum Kuhhirtenturm, dem letzten Zeugen der mittelalterlichen Stadtmauer um Sachsenhausen. 1490 baute man ihn auf. Ein halbes Jahrtausend später, 1923, wurde hier unter lebhafter Anteilnahme der Bevölkerung ein ausgewachsenes Klavier an der Außenwand hochgezogen, denn ein Musiker hielt Einzug: Paul Hindemith, seit 1915 Konzertmeister am Frankfurter Opernhaus, hatte für die nächsten vier Jahre ein – nach innen wie nach außen – störungsfreies Domizil zum Komponieren gefunden. Die erste Fassung der Oper *Cardillac* und die Lieder des *Marienlebens* sind in diesem Turm entstanden. Dann ging der Meister nach Berlin, dann verfemte ihn Goebbels als »atonalen Geräuschemacher«; erst nach dem Krieg kam er gelegentlich nach Frankfurt zurück, 1963 zum Sterben. Am Ende als »Sohn dieser Stadt« gefeiert, wußte er sich am Anfang nur mit hartnäckiger List zu behaupten. »Aber das Schönste, was mir geglückt ist«, schrieb er kurz vor seinem spektakulären Einzug in den Kuhhirtenturm an seine Jugendfreundin Emmy Ronnefeldt, »ist die Gründung der ›Gemeinschaft für Musik‹, hier. Wir spielen vor ungefähr 80 geladenen Mitgliedern bei Zingler auf der Kaiserstraße moderne Musik (alle 2 oder 3 Wochen); eine rein musikalische Angelegenheit ohne Geldgeschichten. Die Zuhörer zahlen nichts, die Spieler bekommen nichts, die ganz geringen Unkosten werden gemeinsam getragen. Hier ist endlich einmal die Musik um der Musik willen da! Kein persönlicher Ehrgeiz wird berücksichtigt, keine Kritik erscheint. Und, was das Allerschönste ist: die ganzen Frankfurter dürfen nicht hinein!!«

Nun aber hält uns nichts mehr auf, auch nicht – wie der Kuhhirtenturm im Mittelalter genannt wurde – ein »Elefant«. Wir hatten uns einen Mainspaziergang vorgenommen, haben aber durch Museen, Most und Musensöhne den Fluß aus den Augen verloren. Dabei sind wir ihm ganz nah. Nur ein paar Schritte links vom Turm bringen uns durch ein überbautes Tor hinauf zum Deutschherrnufer, wo wir uns rechts halten, bis ein Treppchen hinunterführt zum Moenus fluvius. Jetzt sind wir am Wasser, das uns begleitet für die letzten zwanzig Minuten dieser Partie. Kaum haben wir die Obermain- und die Flößerbrücke unterwandert, verrät uns auch schon ein Wegweiser, daß es auf dieser Mainuferroute nur noch 51 Kilometer sind bis Aschaffenburg. So weit wollen wir gar nicht gehen, auch wenn es nach der nächsten – und für uns letzten – Brücke endlich angenehm grün wird links und rechts des Fußpfads.Nur noch ein bißchen schlendern wir dahin und schauen den unermüdlichen Schleppern zu, die auf dem Fluß vorbeiziehen. Sogar der alte Biertrinker Jean Paul ist noch einmal jung geworden, als man ihm zu Ehren hier im Juni 1818 ein romantisches Mainfest veranstaltete. »Von einem Mädchen, das ich nicht kenne, bekam ich einen so herzlichen Kuß nach dem meinigen als sei es meine Tochter«, schrieb er brav seiner Ehefrau nach Bayreuth. »Die Weiber sind hier mehr ausgebildet, als in Mainz. Meine neulichen Berichte der weiblichen Häßlichkeit beziehen sich nur auf die untern, nicht auf die mittlern Klassen.«

Jean Paul blieb trotzdem nicht in Frankfurt; selbst nicht für Geld und gute Worte vom Fürsten Dalberg. Er schrieb nur ein paar »Sedezaufsätze« für die Museumsgesellschaft und ließ sich im übrigen gern feiern. Der literarische Spaziergänger ist denn auch nicht seinetwegen hierhergekommen, sondern wegen des großen Biergartens, der nun vor ihm auftaucht, wenn der Ruderclub und ein paar kleinere Ausflugslokale zur Rechten passiert sind. Wie die Schlepper vor der Staustufe Offenbach, so stehen wir plötzlich vor einem langen Mäuerchen, das die »Historische Gerbermühle« umzingelt, eine nach dem Krieg ansehnlich wiederaufgebaute Gastwirtschaft, in der die rosa gebratene Flugentenbrust mit Gemüse und gratinierten Kartoffeln nur 32 Mark kostet. Im Garten finden wir einen hohen Sandstein-Bildstock aus dem Jahre 1519, gestiftet zur Sühne für die Ermordung eines Geistlichen an dieser Stelle. Und neben dem Eingang zum Haus eine fast noch geheimnisreichere Inschrift, von rheinischen Dichtern 1928 auf einer Tagung verfaßt und angebracht: »Die Mühle ruht, das Rad schlief ein / Sein Name nur geht in dem Haus / Der jede Stätte ewigte / Die er betrat: So warst du sein.«

Die Rede geht von Goethe. Sein alter Bekannter Johann Jakob von Willemer, ein kunstsinniger Bankier, hatte die

Mühle gepachtet und zum anmutigen Sommersitz ausgebaut. Goethe besuchte ihn dort im Herbst 1814 – und dann, etwas länger, im Sommer darauf. Wie da der 66. Geburtstag des Dichters auf der Gerbermühle zelebriert wurde, berichtet der junge Reisebegleiter Sulpiz Boisserée in seinem Stakkato-Tagebuch: »Morgens Vers an den G. fertig. Über Hals und Kopf hinausgeeilt. – Die Familie von Willmer ist da. Herr Scharf und Frau. Fritz Schlosser. – Kasten-Schreiber Riese, alter Schulcamerad von G., Seebeck. – Das Gartenhaus mit Schilf ausgeziert wie Palm-Bäum zwischen d. Fenster gebunden, oben an der Decke überhängend. – An der hinteren Wand, wo der Alte saß, ein groß Spitzschild von Laubkränzen, darin ein runder Kranz von Blumen, den Farben-Kreis vorstellend. – Willmer eröffnet den Tisch mit einer passenden Anrede, einer Anspielung auf Freimaurer-Sitte – bringt des Alten Gesundheit aus mit Wein von seinem Geburtsjahr – (1749.) mit 1748er Rheinwein. – Durchgehend muntere Stimmung in der Gesellschaft. Brief vom Consistorium an Willmer mit Erlaubnisschein einen an diesem Tag geborenen unehlichen Sohn Wolfgang im Haus zu taufen. – Zweiter Brief in Knittel-Versen von einem Meister-Sänger Christian, kurze Wiederholung von Goethes Biographie, soweit sie jetzt gedruckt ist, alle Verse endigen mit den Eigennamen der Goethischen Liebschaften. … Die Frauen hatten einen Turban von dem feinsten indischen Muslin mit einer Lorbeer-Krone umkränzt auf zwei Körbe voll der schönsten Früchte – Ananas Melone Pfirsich Feig- und Trauben –, dann einen voll der schönsten Blumen gelegt. Dazu hatte die Städel die Aussicht aus Goethes Fenster auf die Stadt Frankfurt artig gezeichnet, und die Wilmer ein schönes Kränzchen von feinen Feld-Blümchen aufgeklebt, zu beidem waren passende Verse aus dem Hafis geschrieben –.«

Die Wilmer, der Hafis. Nur ganz am Rande erfahren wir, was Goethe an seinem Geburtstag nach Frankfurt zog. Es war die junge, dreißigjährige, erst seit einem knappen Jahr mit dem Bankier verheiratete Marianne von Willemer, die ihm an seiner Vaterstadt nun besonders gefiel. Und er beschäftigte sich doch gerade mit den Ghaselen eines alten persischen Dichters namens Schams od-Din Mohammed, genannt Hafis, der ihn zu einem eigenen »Divan« anregen sollte. Da war es wie ein orientalisches Wunder, daß ihm in der Gattin seines Gastgebers eine »Suleika« gegenübertrat, die seine kunstfördernde Liebe nicht nur mit Leidenschaft erwiderte, sondern diese auch noch schriftlich auszudrücken wußte. Einige ihrer Gedichte hat Goethe, mit nur winzigen Änderungen, in seinen *West-östlichen Divan* aufgenommen.

Das schönste, und traurigste, schrieb Marianne exakt vier Wochen nach der Geburtstagsfeier auf der Gerbermühle. Es entstand in einer Reisekutsche, auf der Rückfahrt von Heidelberg. Willemers waren dem Dichter, der sich am Neckar mit Carl August von Weimar treffen wollte, sofort hinterhergereist, als sich die Ankunft des Herzogs verzögerte. Sulpiz Boisserée hatte den heißen Tip nach Frankfurt gegeben. Er brachte nichts fürs Leben, aber für die Literatur – und den literarischen Spaziergänger. Der zitiert gern, während er nun stromabwärts, nach Westen, in die Stadt zurückwandert (oder auch fährt: mit dem Schiff, mit der Straßenbahn), das Gedicht an den Westwind:

»Ach, um deine feuchten Schwingen,
West, wie sehr ich dich beneide:
Denn du kannst ihm Kunde bringen,
Was ich in der Trennung leide.

Die Bewegung deiner Flügel
Weckt im Busen stilles Sehnen;
Blumen, Augen, Wald und Hügel
Stehn bei deinem Hauch in Tränen.

Doch dein mildes sanftes Wehen
Kühlt die wunden Augenlider;
Ach, für Leid müßt' ich vergehen,
Hofft' ich nicht zu sehn ihn wieder ...«

Pädagogische Provinz:
Das Holzhausen-Schlößchen

»Hinträumend wird Vergessenheit«

Siebter Spaziergang:
Von der Hauptwache durchs Nord-
end zum Hauptfriedhof

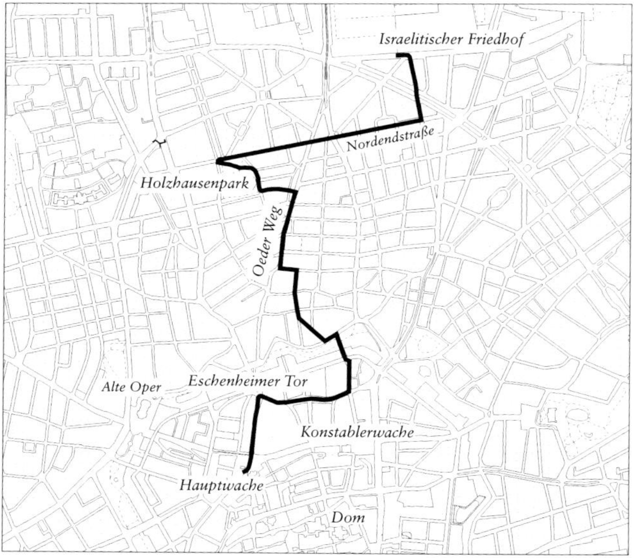

An der Hauptwache – Große Eschenheimer Straße – Stiftstraße – Stephanstraße – Alte Gasse – Petersstraße – Eschenheimer Anlage – Unterweg – Sternstraße – Oberweg – Oeder Weg – Adlerflychtplatz – Paul-Hindemith-Anlage – Fürstenbergerstraße – rechts am Schlößchen vorbei diagonal durch den Holzhausenpark – Ecke Hamann-/Klettenbergstraße – Holzhausenstraße – Nordendstraße – Spohrstraße – Rat-Beil-Straße (50 m nach links zum Eingang Grüfteweg des Hauptfriedhofs)

Die Große Eschenheimer Straße, die von der Hauptwache aus, neben dem Kaufhof, exakt nach Norden führt, war einmal ein bedeutendes Gäßchen – für Politik und Vergnügen. Heute erinnert nur noch ein mächtiges Sandstein-Portal auf der rechten Seite (Nummer 12) an das dreiflügelige Barockschloß, das sich Fürst Anselm Franz von Thurn und Taxis Anfang des 18. Jahrhunderts erbauen ließ, als er seine Generalpostmeisterei auf kaiserlichen Wunsch von Brüssel nach Frankfurt verlegte. Ein paar Jahre lang war hier die große Welt des Rokoko zu Hause, von Kaiser Franz bis Zar Alexander, dann kam der erste Deutsche Bundestag, dann die provisorische Reichsregierung 1848/49 und dann – ein Jahrhundert später – die Deutsche Bundespost, die nach dem Krieg ein Fernmeldehochhaus hinters Portal stellte. Da war eine andere Institution, die seit 1863 genau gegenüber dem Palais residierte, gerade untergegangen: die alte »Frankfurter Zeitung«. In vier aneinandergebauten Häusern wurde sie hier geschrieben und gedruckt; und also muß der Literaturfreund die Straße schon einmal kurz überqueren, wenn er die edlen Federn sucht und nicht die edlen Herren.

Zum Beispiel Joseph Roth. Er war in den zwanziger Jahren viel in Frankfurt, weil er als Reiseberichterstatter der Zeitung immer für neue Aufträge sorgen mußte. Noch hatte er seine großen Erzählungen nicht geschrieben, aber er liebte schon den großen brieflichen Klatsch. Am 30. Dezember 1925 schrieb er an den jungen Bernard von Brentano, einen Urgroßneffen des Romantikers Clemens:

»In diesem Haus gehen sehr merkwürdige Dinge vor. Was mich betrifft, so muß ich noch einige Zeit, ich schätze bis Ende Januar hier sein. Allerdings weiß ich noch gar nicht, was ich dann machen soll. Vielleicht fahre ich durch ein paar deutsche Städte. Paris ist mir durchaus nicht sicher. Herr von Dewall, der hier die Außenpolitik macht, will an Stelle des von Reifenberg vorgeschlagenen Lachmann, den Sieburg hinschicken. Das ist ein großes Geheimnis, daß Sie es wissen, darf nicht einmal Reifenberg wissen. … Die F. Z. will zum ersten Mal in ihrem Leben ein Darlehen haben und kriegt es nicht. Das ist die Schadenfreude der Banken, sie wollen einem Unabhängigen schon mores lehren. Die Zeitung steht auf der Kippe. Soll sie nach rechts gehn? Soll sie zur aussichtslosen Sozialdemokratie rücken? Die Demokratie ist fortgeblasen. Soll sie Abonnenten werben? Soll sie im Stolz verharren, bis Abonnenten von selbst kommen? Die Verwaltung ist naiv, die Redaktion ist steuerlos.«

Nicht einmal eine Weihnachtsgratifikation habe es diesmal gegeben, klagte Roth. Es sehe so aus, als ob das Blatt sein Erscheinen bald einstellen werde. Aber auch bewährte Apokalyptiker können sich täuschen; die »Frankfurter Zeitung« hatte damals ihre wichtigsten Jahrzehnte erst noch vor sich. Und daß Frankfurt eine große Zeitungsstadt geblieben ist, bekundet die »Frankfurter Rundschau« mit ihrem Druck- und Verlagshaus gleich neben dem generalpostmeisterlichen Portalbau gegenüber. Hier gehen wir nun entlang bis zur Stiftstraße, wo wir natürlich einen anerkennenden Blick auf das einzige in ursprünglicher Gestalt erhaltene Wahrzeichen der Stadt werfen müssen. Der Eschenheimer Turm, vom Dombaumeister

Madern Gertener Anfang des 15. Jahrhunderts als sechs-geschossiger Rundbau errichtet, widerstand nicht nur dem Krieg, sondern auch allen Stadterweiterungs- und Verkehrsplänen danach. Stolz schwenkt er über seinen fünf Spitzen noch immer das Wetterfähnchen mit den neun Löchern in der Form einer 9 – und dessen Geschichte berichtet uns der Erzähler Ludwig Bechstein:

»Einst hatten die Frankfurter einen Wilddieb gefangen, des Name war Hänsel Winkelsee, und der saß schon neun Tage im finstern Loch, ehe Spruch und Urteil über ihn erging, und hörte allnächtlich die Wetterfahne kreischen und rasaunen über seinem luftigen Losament hoch oben im Eschenheimer Turme und sprach: Wär' ich frei und dürft' ich schießen nach meinem Wohlgefallen, so schöß' ich dir, du lausige Fahn' – so viel Löcher durchs Blech, als Nächt' ich hier gesessen hab'. – Diese Rede hörte der Kerkermeister und trug sie vor den Stadtschultheißen der freien Stadt, und dieser sagte: Dem Kerl gehört keine Gnad' als der lichte Galgen; wenn er aber so ein gar guter Schütze sein will, so wollen wir ihm sein Glück probieren lassen. – Und da ward dem Winkelsee seine Büchse gegeben und gesagt, nun solle er tun, wes er sich vermessen; wenn er das könne, solle er frei von dannen gehen, wenn aber auch nur eine Kugel fehl gehe, so müsse er baumeln, und da krähe kein Hahn nach ihm. Da hat der Wildschütz seine Büchse genommen und hat sie besprochen mit guten Waidmannssprüchlein und hat Kugeln genommen, die auch nicht ohne waren, und hat angelegt und nach der Fahne gezielt und hat losgedrückt. Da saß ein Löchlein im Blech, und alles hat gelacht und bravo gerufen. Und nun noch achtmal so, und jede Kugel an die richtige Stelle, und mit dem neunten Schuß war der Neuner fertig, der heute noch in der Fahne auf dem Eschenheimer Turm zu sehen ist, und war ein großes Hallo um den Schützen her.«

Kein Wunder, daß dem kleinen Johann Wolfgang Goethe in dieser Gegend nicht ganz geheuer war. Sie führe mit Recht den Namen »schlimme Mauer«, heißt es später in *Dichtung und Wahrheit*, wo im zweiten Buch das Knabenmärchen *Der neue Paris* erzählt wird: »Ich ging nur langsam und dachte an meine drei Göttinnen, besonders aber an die kleine Nymphe, und hielt meine Finger manchmal in die Höhe, in Hoffnung, sie würde so artig sein, wieder darauf zu balancieren. In diesen Gedanken vorwärts gehend erblickte ich, linker Hand, in der Mauer ein Pförtchen, das ich mich nicht erinnerte je gesehen zu haben ...« Wer heute durch die graue Häuserschlucht der Stiftstraße wandert, hat natürlich überhaupt keine Chance mehr, dieses Pförtchen zu entdecken; aber es wird ihm schon etwas sonderbar zumute, wenn die erste Gasse links noch »Katzenpforte« heißt, und wenn er weiß, daß er nun auf der breiteren Stephanstraße über den alten christlichen Begräbnisplatz der Stadt geht, der erst 1828 geschlossen wurde. Nur der nördliche Teil jenes Petersfriedhofs ist erhalten. Gleich nach der Brönnerstraße, vor der Kirche, erinnern noch viele kunstreiche Grabplatten an berühmte Frankfurter Familien (auch Goethes Vater wurde hier bestattet) und an die liebevolle Mühe, die man sich früher mit dem Tod gab.

Ein besonderes Grabmal liegt etwas abseits. Um es zu finden, müssen wir den Schulhof neben dem Kirchhof betreten, wo ein kleiner Exedra-Anbau an die Turnhalle die letzte Ruhestätte von Goethes Mutter umrahmt – sowie die seines Großvaters und Taufpaten Johann Wolfgang Textor. Eine Erinnerungsstätte sehr viel jüngeren Datums dagegen ist auf der anderen Seite der Turnhalle, an der wir nun rechts vorbeigehen. Da spreizt sich mit zwei Straßenschildern vor einem Kino namens »Eldorado« ein überraschender Klaus-Mann-Platz zum Gedächtnis an die im Dritten Reich verfolgten und gelegentlich noch immer schikanierten Homosexuellen beiderlei Geschlechts. Wer bedenkt, daß der mit Frankfurt vor allem im Zeichen Goethes eng verbundene Thomas Mann nur eine Straße seines Namens in einem entlegenen Stadtteil hat, darf aber schon ein bißchen staunen. Dem Sohn wird die Ehre im Zentrum der Stadt allein aufgrund seiner erotischen Neigung; das hat der Vater nun davon, daß er die eigene so unterdrückte.

Der literarische Spaziergänger freilich weiß, daß die Kunst nur ein Teil des Lebens ist. Gelassen also geht er nach dem Klaus-Mann-Plätzchen links die Alte Gasse hinauf, überquert die Bleichstraße, wandert die Petersstraße weiter, überquert die Eschenheimer Anlage, wendet sich hier ein bißchen nach links und dann gleich nach rechts in den Unterweg, wo er am Ende auf die Sternstraße trifft. Im schön restaurierten Haus Nr. 29 auf der linken Seite wohnte der Schriftsteller, Philosoph und Filmtheoretiker Siegfried Kracauer von 1919 bis 1930; eine Gedenktafel mit Porträt-Relief zitiert einen bedenkenswerten Satz von ihm: »Denn das Gestaltete kann nicht gelebt werden, wenn das Zerfallene nicht eingesammelt und mitgenommen wird.« Ja, Kracauer war ein gescheiter Mann, Feuilletonredakteur damals bei der »Frankfurter Zeitung« – und also auch nicht sicher vor dem brieflichen

Spott des Kollegen Joseph Roth. Der schrieb dem »lieben Freund« Brentano: »Dr Kracauer ist ein armes Waserl. Er kann nur einmal in 10 Jahren machen, was ihm gefällt, er kann nur einmal für 3-7 Tage nach Berlin fahren und er kann niemals – leider, leider, infolge seines Sprachfehlers und seines uneuropäischen Gesichts – die Zeitung auswärts vertreten. Er ist ein kluger ironischer Kopf ohne Phantasie, aber trotz aller Bewußtheit sympathisch naiv. Helfen Sie ihm, so gut es geht, nehmen Sie sich seiner an und Sie werden viel von ihm lernen können. Ich lerne von ihm immer und bringe die Geduld auf, eine halbe Stunde zu warten, bis er seine Weisheit hervorgestottert hat. Es lohnt immer.«

Gewappnet mit ein wenig Bosheit können wir vielleicht auch die Leidensstationen auf unserem Weg hinauf durchs Nordend etwas leichter ertragen. Wenn wir also die Sternstraße bis zum Ende weitergegangen sind, danach links in den Ober- und sofort wieder rechts in den Oeder Weg, stehen wir nach Überquerung der Hermannstraße nicht mehr gar so trostlos am Adlerflychtplatz, wo eine der traurigsten Liebesgeschichten des literarischen Lebens zu Ende ging. Vor dem unter alten Bäumen angelegten Kinderspielplatz in der Mitte schauen wir links hinüber zum Haus Nr. 89 und erkennen ein altes Wirtshausschild, vergessen und verblaßt über dem Eingang zur Internistin: »Adlerflychthof«. Vor zwanzig Jahren hat man hier noch gut gegessen, vor zweihundert Jahren trafen sich am Haus dieses Namens, dem Sommersitz des Bankiers Gontard, zum letzten Mal Friedrich Hölderlin und Frau Susette. Wir haben auf unserem ersten Spaziergang von der überstürzten Kündigung des Hauslehrers erfahren, wir haben auf unserem vierten Spaziergang aus einem seiner ersten »Diotima«-Gedichte zitiert, nun schließt der letzte Akt mit Briefen.

Nach seiner Flucht aus Frankfurt hatte Hölderlin in Bad Homburg am Taunus eine Zweizimmerwohnung gefunden. Eineinhalb Jahre lang pilgerte er, in der Regel donnerstags, die fünfzehn Kilometer hinunter zum Adlerflychthof, um in einem Versteck in der Hecke vor dem Haus schriftliche Seufzer auszutauschen. Gesprochen haben sich die beiden hoffnungslos Liebenden, aus Furcht vor Entdeckung, nur noch selten; meistens mußten ein paar Blicke zwischen Fenster und Straße genügen. Das letzte kurze Wiedersehen datieren die Philologen auf den 8. Mai des Jahres 1800, den letzten Brief Susette Gontards auf den nämlichen Tag: »Wirst Du nun kommen? – Die ganze Gegend ist stumm und leer ohne Dich! und ich bin so voll Angst. Wie werde ich die starken Dir entgegen wallenden Gefühle wieder in den Busen verschließen und bewahren? – wenn Du nicht kömmst! – Und wenn Du kömmst! ist es auch schwer das Gleichgewicht zu halten und nicht zu lebendig zu fühlen. Versprich mir, daß Du nicht zurück kommen, und ruhig wieder von hier gehen willst, denn wenn ich dieß nicht weiß, komme ich in die größte Spannung und Unruhe bis Morgen früh nicht vom Fenster, und am Ende müssen wir doch wieder ruhig werden, drum laß uns mit Zuversicht unsern Weg gehen und uns in unserm Schmerz noch glücklich fühlen und wünschen, daß er lange, lange noch für uns bleiben möge, weil wir darin vollkommen Edel fühlen und gestärkt werden in unsern Seelen. Leb wohl! Leb wohl! Der Segen des Himmels sey mit Dir. –«

Susette Gontard starb, dreiunddreißig Jahre alt, durch Schwindsucht geschwächt, am 22. Juni 1802. Friedrich Hölderlin wurde nach zunehmender geistiger Verwirrung am 11. September 1806 von Bad Homburg in das Autenrietsche Klinikum nach Tübingen gebracht. Wir aber gehen zur Erholung den Oeder Weg weiter auf der linken Seite, überqueren die Lersner- und die Wolfsgangstraße, biegen in der winzigen Paul-Hindemith-Anlage nach links in die Fürstenbergerstraße, kommen an einem gemütlichen alten Postamt vorbei und landen endlich in einem beruhigenden Park, wo gleich rechts das barocke Wasserschlößchen der alten Patrizierfamilie von Holzhausen steht, die der Stadt in sieben Jahrhunderten sechsundsechzig Bürgermeister gestellt hat. Rechts vor dem Steg zum Eingang erinnert ein Reliefporträt an den Pädagogen Friedrich Fröbel. Er hat hier von 1806 bis 1808 als Hauslehrer gewirkt und die Holzhausen-Kinder mit den neuen Bildungsideen Pestalozzis vertraut gemacht. »Selbst mitleben ist die wahre und echte Erziehung«, steht feierlich auf der Gedenkplatte; die Weisheit stammt aus einem Brief Fröbels an den Herzog von Meiningen.

Man folgt nun rechts vom Schlößchen einem breiten Weg zwischen zwei Kinderspielplätzen, verläßt den Park oben an der Ecke Hamann-/Holzhausenstraße und wendet sich dort wieder rechts, außen am Park entlang, zurück. Vor uns liegt jetzt also die schnurgerade Kastanienallee der Holzhausenstraße, aber der Abmarsch verzögert sich noch. Denn gleich links weist ein Schild in die Klettenbergstraße, und da müssen wir schon einen Augenblick innehalten und der Namensgeberin gedenken. Susanna Katharina von Klettenberg, eine Freundin von Goethes

Mutter, hatte sich ganz dem Pietismus verschrieben und ließ auch andere teilnehmen an ihren religiösen Erlebnissen. Vor allem mit dem Studenten Johann Wolfgang, der krank aus Leipzig zurückgekehrt war und dringend der Herzensergießung bedurfte, führte sie lange Gespräche über alle möglichen mystischen Wege zum Urgrund der Schöpfung. Goethe setzte ihr später, im sechsten Buch von *Wilhelm Meisters Lehrjahren*, mit den »Bekenntnissen einer schönen Seele« ein dauerhaftes Denkmal. Aber sie schrieb auch selber, nämlich geistliche Gedichte, die einen gestandenen Mann wie den patriotischen *Schweizerlieder*-Macher Johann Kaspar Lavater in Tränen ausbrechen ließen. Eines heißt *Jesus* und geht so:

»Lieber arm, als ohne Jesus reich an Pracht
und Herrlichkeit,
Lieber krank, als fern vom Heiland frisch
die ganze Lebenszeit,
Ja, viel lieber nie gebohren,
Als von diesem Freund getrennt;
Eine Welt bei Ihm verlohren
Ist Gewinn wenn man ihn kennt.«

Jetzt kann uns nicht mehr viel aufhalten auf unserem Weg zum Hauptfriedhof. Erst am Ende der Holzhausenstraße, wenn wir die Eckenheimer Landstraße überquert haben, mag uns ein Blick nach links in die Richard-Wagner-Straße daran erinnern, daß der Komponist und Gesamtkunstwerker mehrmals in der Stadt war. Der erste Frankfurter Aufenthalt freilich, im Jahre 1834, als der junge Magdeburger Kapellmeister hier brauchbare Sänger abzuwerben versuchte, geriet zur Posse. Wagner schildert sie in seiner Autobiographie *Mein Leben*:

»Ich hatte eine Aufführung der *Zauberflöte*, unter des damals als ›genialer Dirigent‹ wunderbar berühmten Kapellmeisters Guhr Leitung, beigewohnt und war von dem wirklich vorzüglichen Opernpersonal sehr angenehm überrascht worden. Natürlich war nicht daran zu denken, eines der ersten Mitglieder desselben in meine Netze zu verlocken; dagegen blickte ich scharf genug, in dem jugendlichen Fräulein Limbach, welche den ersten ›Knaben‹ sang, ein begehrenswertes Talent zu erkennen. Meine Engagements-Anträge wurden von ihr angenommen, und zwar schien es ihr so sehr daran gelegen zu sein, von ihrem Frankfurter Engagement freizuwerden, daß sie beschloß, durch heimliches Entweichen sich aus demselben zu entfernen. Dies erklärte sie mir und forderte mich zur Mithilfe bei diesem Vorhaben auf, welches keinen Aufschub leiden könnte, weil es sonst der Direktion bekannt werden würde. Die junge Dame vermutete mich jedenfalls im Besitz reicher Kreditive, mit denen das von mir ihr so sehr gerühmte Magdeburger Theaterkomitee mich für meine offizielle Geschäftsreise ausgestattet haben würde. Bereits hatte ich jedoch, um nur mein eigenes Fortkommen zu ermöglichen, zum Versatze meines dürftigen Reisegepäkkes schreiten müssen: so weit hatte ich den Wirt gebracht; nun aber noch die Kosten der Entführung einer jungen Sängerin mir vorzuschießen, fand ich ihn durchaus abgeneigt. Ich mußte der jungen Dame, zur Bemäntelung des schlechten Benehmens meiner Direktion, irgendein Mißgeschick vorlügen und die verwunderungsvoll Zürnende zurücklassen.«

Die Stadt hat es dem Meister gedankt. Sie spielte, seit dem *Tannhäuser* 1853, seine Bühnenwerke, sie ließ ihn dann sogar erstmals den eigenen *Lohengrin* dirigieren und machte ihn schließlich zum Ehrenmitglied des Musikvereins sowie des Freien Deutschen Hochstifts. Davon können die anderen Komponisten, die namentlich vertreten sind in dem kleinen Musikerviertel, das wir jetzt durchqueren, nur träumen. Wir also schreiten, während wir die Nordendstraße weitergehen, achtlos über Weber- und Gluckstraße, werfen keinen Blick nach links in die Brahmsstraße, sondern konzentrieren uns auf den hier – wie so oft in seinem Leben – völlig deplazierten Nikolaus Lenau. Das Sträßchen mit seinem Namen liegt rechts an unserem Weg und erinnert an einen im Weltschmerz erfahrenen Dichter, der in der Stadt am Main endlich – wie er gleich in einem wonnetrunkenen Brief festhielt – seinen »freudigen Frieden« gefunden zu haben glaubte. Im August 1844 verlobte er sich mit der Frankfurterin Marie Behrends und reiste sofort nach Wien, um die für die Hochzeit nötigen Papiere zu besorgen. Dort wurde er Ende September wahnsinnig; die letzten sechs Jahre seines Erdendaseins verbrachte er in einer Heilanstalt.

Aus den Tagen zwischen der Verlobung und dem Ausbruch der Krankheit stammt das Gedicht *Blick in den Strom*:

»Sahst du ein Glück vorübergehn,
Das nie sich wiederfindet,
Ist's gut in einen Strom zu sehn,
Wo Alles wogt und schwindet.

O, starre nur hinein, hinein,
Du wirst es leichter missen,
Was Dir, und soll's dein Liebstes seyn,
Vom Herzen ward gerissen.

Blick' unverwandt hinab zum Fluß,
Bis deine Thränen fallen,
Und sieh durch ihren warmen Guß
Die Fluth hinunterwallen.

Hinträumend wird Vergessenheit
Des Herzens Wunde schließen;
Die Seele sieht mit ihrem Leid
Sich selbst vorüberfließen.«

Nun sind wir in der rechten Stimmung für das letzte Stück dieses Spaziergangs, der uns durch die Nordend- noch bis zur Spohrstraße führt und diese dann links hinauf, über die Nibelungenallee und die Rat-Beil-Straße hinweg, bis ans klassizistische Tor zum neueren Israelitischen Friedhof, der 1828 in der Nachfolge des mittelalterlichen Ghetto-Friedhofs eingeweiht wurde. Viele, die von dieser Stadt aus in die Welt wirkten – die Rothschilds etwa oder auch der Mediziner Paul Ehrlich –, wurden hier begraben; wir aber gehen vor der Mauer fünfzig Meter nach links und schlüpfen durch einen Nebeneingang in den Hauptfriedhof. Da sind die letzten Ruhestätten mancher Menschen, denen wir auf unseren verschiedenen Stadttouren schon begegnet sind, und noch ein paar Namen dazu. Dorothea Schlegel zum Beispiel, die mit ihrem Mann Friedrich schon 1816 für zwei Jahre nach Frankfurt zog und dann später als Witwe bei ihrem jüngeren Sohn aus erster Ehe, dem Maler und Städeldirektor Philipp Veit, noch einmal ein knappes Jahrzehnt am Main wohnte. Wenn wir von unserem Nebeneingang geradeaus laufen, bis kurz vor dem Ende der Grüfte ein kleiner Weg im Bogen links abzweigt, finden wir ihre Grabplatte (Gewann B 180) nach ein paar Schritten auf diesem Weg an der rechten Seite.

Die Orientierung auf einem fremden Friedhof ist natürlich für einen lebendigen Spaziergänger nicht leicht. Wir beschränken uns also auf ein einfaches Karree, das wir – meistens an der Wand lang – abschreiten, wobei wir doch auf die für uns wichtigsten Gräber stoßen. Wenn wir zur Grüftemauer zurück- und diese dann bis zum Ende nach links entlanggehen, kommen wir geradeaus in einen neuen Friedhofsabschnitt, in dem gleich linker Hand sechs große Steinkreuze auffallen: die Grabstätte der Familie Jeanrenaud, in deren Mitte Felix Mendelssohn Bartholdys Frau Cécile ruht. Wir gehen schnurstracks weiter, über ein rautenförmiges Plätzchen, bis zur nächsten Quermauer, vor der wir nach links einbiegen. Direkt an dieser Mauer (Nr. 541) befindet sich, gleich an der Ecke, der schwarze Grabstein Heinrich Hoffmanns. Der hat ja, wie wir schon wissen, nicht nur den *Struwwelpeter* verfaßt, sondern zum Exempel auch ein *Allerseelen-Büchlein*, eine *humoristische Friedhofs-Anthologie*, aus der wir gern das Gedicht *Eine Ehefrau* auf unserem einschlägigen Weg mitnehmen:

»Mein Gott! Was hat der Mann für einen Stein
Der lieben, guten Frau auf's Grab gesetzt!
Wie muß die Trennung schwer gewesen sein,

Und wie sein Herz zerrissen, ja zerfetzt!
Nur ruhig, ruhig! Was ihr übertreibt!
Er that es nur, daß sie hübsch unten bleibt.«

Es wäre unpassend, mit diesem Verslein im Kopf nun ausgerechnet Ricarda Huch zu besuchen, die hinter der Mauer, im Gewann II 204, liegt. Also gehen wir, am bescheidenen Stein des Geheimen Sanitätsrats Hoffmann vorbei, geradeaus weiter, bis uns die Friedhofs-Außenmauer im rechten Winkel nach links zwingt. Kurz vor dem alten Portal ist Arthur Schopenhauers stattliche Grabplatte in einer eigenen kleinen Dauergrün-Anlage nicht zu übersehen. Danach folgen wir der Mauer wieder links ums Eck und biegen hiermit also in die Zielgerade unseres Friedhofsquadratwegs ein. Gleich im ersten Gäßchen links steht versteckt an der rechten Seite ein kleines Steinkreuz (D 261) für Marianne von Willemer, die erst ein halbes Jahrhundert nach Besingung des Westwinds als hochbetagtes »Großmütterchen« in Frankfurt gestorben ist. Und dann finden wir, genau auf halbem Weg an dieser letzten Mauer, auf einem Plätzchen linker Hand, sogar noch das beachtliche Grabdenkmal Karl Gutzkows neben einem Brunnen mit vielen Gießkannen (D 272 a). Der literarische Spurensucher darf zufrieden sein mit dem Ertrag seiner Stippvisite auf unübersehbarem Totenacker. Aber die virtuelle Ehrennadel in Gold bekommt er erst, wenn er – ganz kurz wieder vor den Grüften, wo der Ausgang ist – links an seinem Mauerweg auch noch das Grab von Pauline Schmidt entdeckt (C 148). Auf dem Kreuz stehen ihre Lebensdaten: 27. Dezember 1840 bis 18. Juni 1856. Jawohl, hier ruht das zündelnde Paulinchen aus dem, 1858 erweiterten, endgültigen *Struwwelpeter.* »Und Minz und Maunz, die kleinen, / die sitzen da und weinen«: Es muß an Frankfurt liegen, daß hier so viele Spaziergänge mit einer Tragödie enden.

Erschöpfter Dramatiker:
Die »Schillerruhe« im Stadtwald

»Daß ich eins und doppelt bin«

Achter Spaziergang:
Von der Schillerruhe durch
den Stadtwald zum
Goetheturm

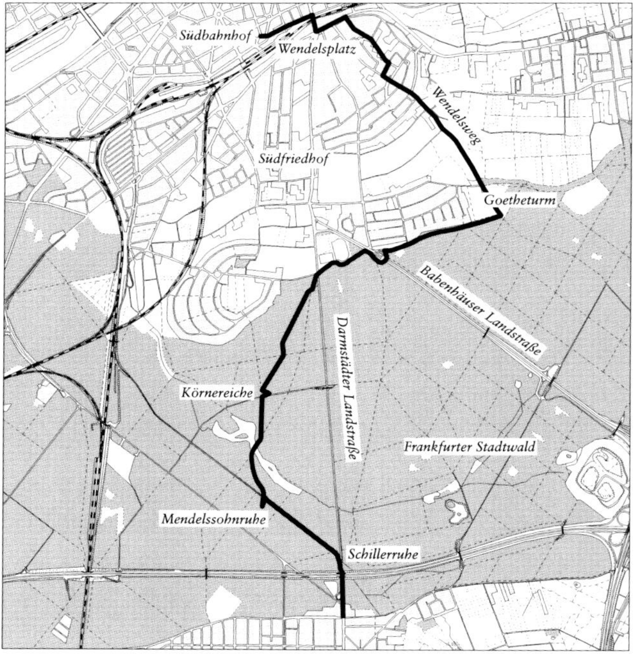

Stadtgrenze Neu-Isenburg/Darmstädter Landstraße – Schillerruhe – Welscher Weg – Mendelssohnweg – Mendelssohnruhe – Mendelssohnweg zurück – Jacobiweiher – Sandbrückschneise – Samstagsweg – Körnereiche – Samstagsweg weiter – Bischofsweg – »Zum Goetheturm« – Waldspielpark Goetheturm – Wendelsweg – Dielmannstraße – Hühnerweg – Wendelsplatz – Darmstädter Landstraße – Hedderichstraße – Südbahnhof

»***Pfingsten, das liebliche Fest,*** war gekommen; es grünten und blühten / Feld und Wald; auf Hügeln und Höhn, in Büschen und Hecken / Übten ein fröhliches Lied die neuermunterten Vögel; / Jede Wiese sproßte von Blumen in duftenden Gründen, / Festlich heiter glänzte der Himmel und farbig die Erde.«

Für Johann Wolfgang von Goethe war es eine Selbstverständlichkeit, daß König Nobel seinen Hoftag der Tiere im *Reineke Fuchs* ausgerechnet zum Pfingstfest einberuft, wenn die Natur erwacht ist und reichlich geschmückt für eine größere Zusammenkunft nach Menschenart. Doch wenn wir genau lesen, wird es sicher Pfingstdienstag, bis sich Lütke, der Kranich, und Markart, der Häher, und alle die Besten endlich versammelt haben. Beim Dienstag nach Pfingsten nämlich handelt es sich um eine ganz spezielle – von Wilhelm Hauff ja schon teuflisch glossierte – Frankfurter Angelegenheit, einen exklusiven Feiertag, an dem man mit Kind und Kegel hinauszieht ins »Wäldchen«, wie hier der Stadtwald heißt. Man freut sich über ein paar freie Stunden, die ausnahmsweise einmal nicht kirchlichem oder nationalem Gedenken geschuldet sind. Das also ist die beste Zeit, Gerichtstag zu halten über den Lauf der Welt; und da natürlich ist auch der rechte Ort für einen letzten literarischen Spaziergang.

Aus Frankfurt kommt man schnell hinaus. Man fährt zum Beispiel von der Hauptwache mit der U-Bahn drei Stationen bis zum Südbahnhof – und von dort in zehn Minuten mit der Straßenbahn (Linie 14) zur Stadtgrenze bei Neu-Isenburg. Hier an der Endhaltestelle ist auch genau die Grenze des Stadtwalds. Wenn wir den Fußpfad rechts neben der Darmstädter Landstraße zurück in den Wald gehen, sehen wir gleich nach der Autobahnunterführung rechts eine Gattertür, hinter der nach zehn Metern rechts ein übermannshoher Gedenkstein steht. Er erinnert an einen Wanderer, dem an dieser kleinen Lichtung vor gut zweihundert Jahren die Kräfte schwanden, als er versuchte, auf der Flucht vor seinem Württemberger Landesherrn die freie Stadt Frankfurt zu erreichen. Es war Friedrich Schiller, der mit seinem Freund, dem Klavierbauer Andreas Streicher, Anfang Oktober 1782 notgedrungen zu Fuß unterwegs war; »denn das kleine Kapital«, schrieb Streicher später in seinem Erlebnisbericht über diesen abenteuerlichen Ausflug, »war durch die Herreise, durch das Verweilen in Mannheim so herabgeschwunden, daß es bei der größten Sparsamkeit nur noch zehn oder zwölf Tage ausreichen konnte«. Schiller also war erschöpft und ruhte hier im Stadtwald ein paar Stunden. Dann setzten die beiden Herren ihren Gewaltmarsch fort und kamen noch vor der Dämmerung nach Sachsenhausen.

Die »Schillerruhe« hat gutgetan. Schon zwei Tage später kann Streicher von einem durchaus gelungenen Stadtbummel erzählen, den der junge Dichter vorsichtshalber inkognito unternahm, zu Anfang jedenfalls: »Der nächste Vormittag wurde dazu verwendet, um die in der Geschichte Deutschlands so merkwürdige Stadt etwas sorgfältiger als gestern geschehen konnte, zu besehen und auch einige Buchläden zu besuchen. In dem ersten derselben erkundigte sich Schiller, ob das berüchtigte Schauspiel die Räuber guten Absatz finde und was das Publikum darüber urteile? Die Nachricht über das erste fiel so günstig aus und die Meinung der großen Welt wurde so außerordentlich schmeichelhaft geschildert, daß der Autor sich überraschen ließ und, ungeachtet er als Doktor Ritter vorgestellt worden, dem Buchhändler nicht verbergen konnte, daß er, der gegenwärtig das Vergnügen habe mit ihm zu sprechen, der Verfasser davon sei. Aus den erstaunten, den Dichter messenden Blicken des Mannes ließ sich leicht abnehmen, wie unglaublich es ihm vorkommen müsse, daß der so sanft und freundlich aussehende Jüngling so etwas geschrieben haben könne. Indes verbarg er seine Zweifel, indem er durch mancherlei Wendungen das vorhin ausgesprochene Urteil, welches man so ziemlich als das allgemeine annehmen konnte, wiederholte. Für Schiller war jedoch dieser Auftritt sehr erheiternd; denn in einem solchen Zustande, wie er damals war, konnte auf sein bekümmertes Gemüt nichts so angenehmen Eindruck haben als die Anerkennung seines Talents und die Gewißheit der Wirkung, von der alle seine Leser ergriffen worden.«

Was sich Schiller erlaufen mußte, das fiel Felix Mendelssohn Bartholdy in den Schoß: der Ruhm in Frankfurt. Schon als das dreizehnjährige Wunderkind 1822 erstmals im Musiksaal des Cäcilienvereins als Pianist auftrat, war das Aufsehen groß. Und auch später wurde der Komponist noch oft gefeiert in der Stadt – aber seinen Gedenkstein im Wald erhielt er nicht fürs Schlafen. Wir finden den Findling, wenn wir die Darmstädter Landstraße direkt an der Schillerruhe überqueren, gegenüber wieder durch ein Gattertor und dann gleich nach rechts, dem Straßenbahngleis entlang, den Welschen Weg gehen. Nach Eulenpfad und Schäferschneise kreuzt schließlich der Mendelssohnweg. Ihm folgen wir links, also über das Gleis, etwa hundert Meter, bis rechter Hand der kleine Rastplatz mit dem kugeligen Monument auftaucht. »Zur Erinnerung an Felix Mendelssohn Bartholdy«, heißt die ordentliche Inschrift, »zu dessen Ehren hier im Juli 1839 von Frankfurter Familien ein Fest gefeiert wurde.«

Der Komponist war entzückt. Sofort (am 3. 7.) schrieb er an seine Mutter: »Das schönste was ich aber in meinem Leben bis jetzt von Gesellschaften gesehen habe, war ein Fest im Walde hier, das ich Dir genau beschreiben muß, weil es einzig in seiner Art war. Eine Viertelstunde vom Wege ab, tief im Walde, wo hohe dicke Buchen einzeln stehn und oben ein großes Dach bilden, und man rings umher nur grünen Wald durch die vielen Stämme durchschimmern sah, da war das Local; man mußte auf einem kleinen Fußweg durch's Gesträuch sich dahin arbeiten, und sobald man auf dem Platze ankam, sah man in der Entfernung die vielen weißen Gestalten unter einem Rand von Bäumen, die mit dicken Blumenkränzen verbunden waren und der den Concertsaal vorstellte. – Wie lieblich da der Gesang klang, wie die Sopranstimmen so hell in die Luft trillerten, und welcher Schmelz und Reiz über dem ganzen Tönen war, alles so still und heimlich und doch so hell, – das hatte ich mir nicht vorgestellt ... Wie sie sich nun den Abend unter die Bäume stellten, und mein erstes Lied ›ihr Vöglein in den Zweigen schwank‹ anhoben, da war es in der Waldstille bezaubernd, daß mir beinah die Thränen in die Augen kamen. Wie lauter Poesie klang es.«

Da der Wald noch voller Bäume ist, kein Haus, kein Auto weit und breit, können wir am Fest für Mendelssohn gut teilnehmen, nur daß die Vöglein in den Zweigen nun allein die Sopranpartien übernommen haben. Beschwingt also machen wir uns wieder auf den Mendelssohnweg, wandern auf ihm zurück über die Straßenbahn und immer weiter, bis wir auf einem Holzbrückchen den Jacobiweiher überqueren. Hier gehen wir nicht gleich links am Wasser entlang, sondern biegen erst bei der nächsten Möglichkeit halb links in die Sandbrückschneise ein. Kurz darauf kommt eine große Weggabelung, an der wir halb rechts dem Samstagsweg folgen, wo nach zwanzig Metern rechts auf einer kleinen Lichtung ein zweieinhalb Meter hoher Findling aus dem Odenwald die »Körnerruhe« anzeigt. Frankfurter Turner pflanzten hier schon 1863 eine sogenannte Körnereiche zum 50. Todestag des im Alter von einundzwanzig Jahren als Lützower Jäger gefallenen Freiheitsliedersängers – ein deutlich deutsches Beispiel dafür, wie Literatur auch ohne örtlichen Einsatz eines Dichters in den Wald kommt.

Der Spaziergänger aber läßt sich fortan nicht mehr durch Findlinge ablenken, die mehr oder weniger zufällig an Frankfurts Peripherie herumstehen. Für ihn, der seine literarische Spurensuche im Schatten Goethes begonnen hat, schließt sich der Kreis, ein Rundgang in acht Wegen, selbstverständlich wieder mit Goethe. Sein Name wird uns jetzt nicht mehr verlassen auf dieser letzten Tour. Freilich, identisch sind Ausgangs- und Endpunkt unserer ganzen Stadtwanderung doch nicht. Denn wenn wir am Ziel sind, werden wir immerhin vom jungen Genie zum altersweisen Dichterfürsten fortgeschritten sein, also auch ein Leben in großen Schritten abgelaufen haben. Daß wir dabei nicht immer auf der geraden Goethe-Straße geblieben sind, sondern auch allen möglichen anderen Kunstgipfeln Frankfurts die Aufwartung machten, wird uns der große Sohn und gütige Vater der Literaturstadt nachsehen. »Jeder Weg zum rechten Zwecke / Ist auch recht in jeder Strecke«, reimte er in späten Tagen, denn er wußte, daß an ihm keiner vorbeiführt.

Nun also tapfer zurück von der Körnereiche zum Samstagsweg. Auf ihm wandern wir weiter, über Stoltze- und Wartschneise hinweg, bis wir an der Darmstädter Landstraße aus dem Stadtwald heraustreten. Eine Stunde waren wir im »Wäldche«. Jetzt gehen wir, nach Überquerung der Straße, an seinem Nordrand entlang, an Sportplätzen vorbei, gelangen – mit einem kleinen Schlenker nach rechts zur Ampel – auch noch gut über die sehr breite Babenhäuser Landstraße und setzen unseren Weg, der jetzt »Zum Goetheturm« heißt, auf der anderen Seite fort. Links schieben sich die ersten Häuser aus der Stadt heran, rechts kommt endlich – zum letzten Mal – die Stoltzeschneise aus dem Wald, dann stehen wir auch schon vor dem großen Kinderspielpark am Fuß des höchsten deutschen Holzturms. 196 Stufen führen 43 Meter hinauf über die Wipfel der Bäume, der Blick geht weit über die Stadt und den Wald. Der Goetheturm erstand erst 1931, und die kleine *Reineke Fuchs*-Szene am Eingangsschild zum Spielplatz ist noch viel jüngeren Datums. Aber der Dichter, der wenige Meter unterhalb des Ausflugslokals »Goetheruh« sein Stammplätzchen gehabt haben soll, kam hier schon recht häufig den Wendelsweg herauf, um die wunderbare Aussicht zu genießen, auf die Wiesen und Felder, den Main, das Häusergewirr und den Taunus dahinter.

Olympischer Überblick:
Der Goetheturm über Sachsenhausen

Es war dieses, auch gern gemalte, Bild, das er im Kopf hatte, als er Faust mit Famulus Wagner auf den Osterspaziergang schickte:

»Vom Eise befreit sind Strom und Bäche
Durch des Frühlings holden, belebenden Blick;
Im Tale grünet Hoffnungsglück;
Der alte Winter, in seiner Schwäche,
Zog sich in rauhe Berge zurück.
Von dorther sendet er, fliehend, nur
Ohnmächtige Schauer körnigen Eises
In Streifen über die grünende Flur;
Aber die Sonne duldet kein Weißes:
Überall regt sich Bildung und Streben,
Alles will sie mit Farben beleben;
Doch an Blumen fehlt's im Revier,
Sie nimmt geputzte Menschen dafür.
Kehre dich um, von diesen Höhen
Nach der Stadt zurückzusehen.
Aus dem hohlen finstern Tor
Dringt ein buntes Gewimmel hervor.
Jeder sonnt sich heute so gern.
Sie feiern die Auferstehung des Herrn,
Denn sie sind selber auferstanden,
Aus niedriger Häuser dumpfen Gemächern,
Aus Handwerks- und Gewerbesbanden,
Aus dem Druck von Giebeln und Dächern,
Aus der Straßen quetschender Enge,
Aus der Kirchen ehrwürdiger Nacht
Sind sie alle ans Licht gebracht.
Sieh nur, sieh! wie behend sich die Menge

Durch die Gärten und Felder zerschlägt,
Wie der Fluß, in Breit' und Länge,
So manchen lustigen Nachen bewegt,
Und bis zum Sinken überladen
Entfernt sich dieser letzte Kahn.
Selbst von des Berges fernen Pfaden
Blinken uns farbige Kleider an.
Ich höre schon des Dorfs Getümmel,
Hier ist des Volkes wahrer Himmel,
Zufrieden jauchzet groß und klein;
Hier bin ich Mensch, hier darf ich's sein.«

Ja, mit Goethe zu spazieren ist ehrenvoll und ist Gewinn. Und wenn wir nun den Wendelsweg hinuntergehen nach Sachsenhausen, kommt es uns vor, als ob Osterglocken und Pfingstrosen zugleich blühten in den weiten Gärten links und rechts der Straße. Wenn der Dichter will, ist immer Frühling – auch da, wo wir uns der letzten Goethe-Gedächtnisstätte nähern, die eher mit dem Spätsommer zu tun hat und mit dem Herbst. Schon kommt von rechts der Reversbrunnenweg, die Gärten weichen den Häusern, der Lettigkautweg, die Bornemann- und die Steinhausenstraße führen hinauf auf den Mühlberg. Wir aber biegen erst danach rechts in die Dielmannstraße ein und dann gleich links in den Hühnerweg. Hier stoßen wir direkt auf einen zweistöckigen, schieferverkleideten Pavillon, ein klassizistisches Gartenhaus, das – wie eine freundliche Inschrift mitteilt – »in ehemals aussichtsreicher Lage« um 1810 erbaut wurde. Jetzt steht daneben das Schwesternheim eines Krankenhauses; die Aussicht ist nicht mehr berückend, aber die Einkehr obligatorisch für jeden Lite-

Allerschönste Zeit:
Das Willemerhäuschen mit Ginkgo

raturfreund, auch wenn nur noch ein originaler Waschtisch von der einstigen Turmherrin erzählt.

Am »Willemerhäuschen«, ursprünglich gedacht als Unterstand in den weitläufigen Weinbergen des Herrn von Willemer, kamen sich Goethe und Frau Marianne erstmals romantisch näher, als sie am 18. Oktober 1814 gemeinsam auf die Freudenfeuer blickten, die zum Jahrestag der Leipziger Völkerschlacht ringsum entzündet wurden. Der Dichter erinnerte sich später gern an diesen wunderbaren Abend, an seine »allerschönste Zeit« mit den »so zierlich aufpunktierten Flämmchen«. Da war das private Feuerwerk zwischen ihm und seiner Frankfurter »Suleika« längst erloschen; es hatte, wie wir wissen, nicht einmal ein Jahr gedauert. Schon kurz nach der Feier seines 66. Geburtstags schickte er, im September 1815, ein Ginkgo-Blatt auf die Gerbermühle, als Sinnbild der ruhigen Freundschaft. Auch das berühmte Gedicht dazu entstand in jenen schweren Tagen des Rückzugs und der Trennung. Der Zierbaum, der mit seinen eigenartigen Blättern dem Dichter das Symbol gestiftet haben soll, steht heute noch im alten Park der Brentanos im Stadtteil Rödelheim am Nidda-Wehr; das Stadtentwässerungsamt aber hat das Gelände zu seinem Betriebshof erklärt und läßt Verehrung nur aus großer Ferne zu. Doch am »Willemerhäuschen« wurde schließlich ein eigener Ginkgo gepflanzt, der auch schon beachtliche Höhe erreicht hat. Er mag uns genügen zum Zeichen dafür, wie man formvollendet über die Welt hinauswächst:

Gingo biloba

Dieses Baums Blatt, der von Osten
Meinem Garten anvertraut,
Gibt geheimen Sinn zu kosten,
Wie's den Wissenden erbaut.

Ist es ein lebendig Wesen,
Das sich in sich selbst getrennt?
Sind es zwei, die sich erlesen,
Daß man sie als eines kennt?

Solche Fragen zu erwidern,
Fand ich wohl den rechten Sinn;
Fühlst du nicht an meinen Liedern,
Daß ich eins und doppelt bin?

Die dichterische Gesetztheit sollte auch dem literarischen Spaziergänger den Abschied erleichtern. Langsam wandern wir den Hühnerweg hinunter, an der Mariannenstraße, die rechts zwischen zwei Krankenhäusern liegt, und an einem Sandsteinpavillon vorbei, wo eine Treppe steil hinabführt auf die Offenbacher Landstraße. Wir aber folgen weiter dem sanften Hühnerweg, kommen so zum großen Wendelsplatz, gehen durch die Eisenbahnunterführung gegenüber und danach gleich links in die Hedderichstraße. Rechts liegt am Weg ein Straßenbahndepot, links kommt alsbald der Südbahnhof. Hier schließt sich der Kreis unseres letzten Spaziergangs, noch nicht ganz allerdings der Stadt-, der Goethekreis. Also nehmen wir den Zug zum Hauptbahnhof, doch nur die Regionalbahn oder den Stadtexpreß, denn sie allein bleiben über der Erde und bringen uns ohne Zwischenstation im großen Bogen, noch einmal am Stadtwald vorbei, über den Main zum Ausgangspunkt unserer ersten Tour zurück. Und kurz bevor die Bahn den Weg nach rechts über die Main-Neckar-Brücke nimmt, werfen wir links einen Blick über den Stadtteil Niederrad. Vielleicht sehen wir ja auch noch etwas von dem, was Rahel Varnhagen von Ense hier gesehen hat, in deren Berliner Salon das literarische Leben der ausgehenden Goethezeit spielte. Am späten Abend des 20. August 1815 jedenfalls schrieb sie ihrem Gatten Karl August nach Paris von einer Begegnung der dritten Art:

»Wir fahren zu einem herrlichen Thore hinaus, an einem herrlichen Kai am Main vorbei, an kultivirten Gärten in der wohlhabenden Gegend, durch Weingefilde, im köstlichsten gesündesten Wetter (wie es in zwanzig Jahren nicht war), nach einem Forsthause, wo man Kaffee nimmt; dort gehen wir im Walde spaziren; wir treten endlich aus dem Wald, sehen eine weite schöne Wiese, am Ende ein hellbeschienen Dorf. Der Herr fragt, ob wir das sehen wollen. Ich sage, die Sonne sei zu stark, lieber später; er sagt, es ist Niederrad, das Dorf, wovon Goethe so viel schreibt, wo er immer mit seinen jungen Freunden hinging. Dann wollen wir durch die Sonne, sag' ich: und Schauder grieselt mir über die Backen. Getrost, fröhlich, ja zerstreut im Gespräch, gehen wir hin; es hat Straßen, wie die österreichischen Dörfer; ich tadle das; wenig Menschen gehen hin und wieder: ein niedriger halber Wagen, mit einem Bedienten, fährt den langsamsten Schritt; ein Herr fährt vom Bock, drei Damen in Trauer sitzen

*Frankfurter Abendsonne:
Der Mainkai mit Domturm*

drin, ich sehe in den Wagen, und sehe Goethen. Der Schreck, die Freude machen mich zum Wilden: ich schrei mit der größten Kraft und Eile: ›Da ist Goethe!‹ Goethe lacht, die Damen lachen: ich aber packe die Vallentin, und wir rennen dem Wagen voraus, und kehren um, und sehen ihn noch Einmal; er lächelte sehr wohlgefällig, beschaute uns sehr, und hielt sich Kräuter vor der Nase, mit denen er das Gesicht fächelte, das Lächeln und das Wohlwollen uns, aber besonders seiner Gesellschaft, die eigentlich kikerte, zu verbergen. Der Wagen hält in seiner Langsamkeit endlich ganz, der Herr vom Bock wendet sich, und sagt: Das ist der Schwan! Nämlich, das Wirthshaus, von welchem Goethe schreibt, dort immer eingekehrt zu sein. Also auch Goethe ging heute in seine Jugend wallfahrten, und ich, deine Rahel, trifft ihn, macht ihm eine Art Scene; greift ein in sein Leben! Dies ist mir ja lieber, als alles Vorstellen, alles Kennenlernen. Als ich ihn das zweitemal sehen wollte, sah ich ihn nicht, ich war so roth wie Scharlach, und auch blaß, ich hatte den Muth nicht. Und als er vorbei war, am Ende der Straße durch ein Fabrikgebäude und eine Pappelallee entlang aus dem Dorfe fuhr, zitterten mir Kniee und Glieder mehr als eine halbe Stunde. Und laut, und wie rasend, dankte ich Gott in seine Abendsonne laut hinein.«

Anhang

Textnachweis

Adorno, Theodor W.: Gefährliche Senckenberganlage. In: Frankfurter Allgemeine Zeitung vom 18. 7. 1962

– *Bibliographische Grillen.* In: Akzente 6/63. Carl Hanser Verlag München 1963, S. 693

Andersen, Hans Christian: Bilderbuch ohne Bilder. Übertr. v. Bernhard Jolles. Insel Verlag Frankfurt am Main 1955, S. 51 f.

Arnim, Bettina von: Die Günderode. Hg. v. Elisabeth Bronfen. Matthes und Seitz Verlag München 1982, S. 161

Baggesen, Jens: Das Labyrinth oder Reise durch Deutschland in die Schweiz 1789. Übertr. und hg. v. Gisela Perlet. Verlag C.H. Beck München 1986, S. 254

Bechstein, Ludwig: Sage vom Eschenheimer Turm. In: L.B.: Aus dem Sagenschatz der Hessen. Hg. v. Wolfgang Möhrig. Druck- und Verlagsgesellschaft Husum 1983, S. 8

Bergengruen, Werner: Deutsche Reise. Nymphenburger Verlagshandlung München 1959, S. 115

Binding, Rudolf G.: Erlebtes Leben. Rütten & Loening Verlag Frankfurt am Main 1927, S. 39f.

Bismarck, Otto Fürst von: Briefe an seine Braut und Gattin. Hg. vom Fürsten Herbert Bismarck. J.G. Cotta'sche Buchhandlung Nachfolger Stuttgart 1900, S. 318 f. (Brief vom 8. 9. 1851)

Bloch, Ernst: Wut und Lachlust. In: E.B.: Erbschaft dieser Zeit. Suhrkamp Verlag Frankfurt am Main 1973, S. 46

Boisserée, Sulpiz: Tagebücher 1808-1854. Hg. v. Hans-J. Weitz. Eduard Roether Verlag Darmstadt 1978, S. 257f. (28. 8. 1815)

Börne, Ludwig: Sämtliche Schriften. Hg. v. Inge und Peter Rippmann. Joseph Melzer Verlag Düsseldorf 1977, Bd. 1, S. 7

Brentano, Clemens: Die Gründung Prags. Prolog. In: C.B.: Gesammelte Schriften. Hg. v. Christian Brentano. J.D. Sauerländer s Verlag 1852, Bd. 6, S. 7

Busch, Wilhelm: Die fromme Helene. In: W.B.: Gesamtausgabe. Hg. v. Otto Nöldeke. Verlag Braun u. Schneider München 1943, Bd. 2, S. 395 f.

Castelli, Ignaz Franz: Memoiren meines Lebens. Zitiert nach: Liebe zu

Frankfurt. Hg. v. Hilde Kathrein und Laura Krüger. Societäts-Verlag Frankfurt am Main 1990, S. 149 f.

Courbet, Gustave: Brief an Jules Castagnary. Zitiert nach: Courbet und Deutschland. Hg. v. Hamburger Kunsthalle. DuMont Buchverlag Köln 1978, S. 27

Dumas, Alexandre: Excursions sur les Bords du Rhin. Calmann-Lévy Editeurs Paris o.J., Bd. 2, S. 97 f. (Übers. v. S.D.)

Frisch, Max: Tagebuch 1946-1949. Suhrkamp Verlag Frankfurt am Main 1970, S. 37 (Mai 1946)

Geißler, Horst Wolfram: Der letzte Biedermeier. Ein Frankfurter Roman aus dem Vormärz. Alexander Duncker Verlag Weimar 1916, S. 5

Gontard, Susette: Brief an Friedrich Hölderlin. Zitiert nach: Hölderlin in Homburg. Hg. v. Bertold Hack. Druckerei Weisbecker Frankfurt am Main 1979, S. 275 f.

Goethe, Katharina Elisabeth: Brief an Johann Wolfgang von Goethe. In: Die Briefe der Frau Rath Goethe. Hg. v. Albert Köster. Insel Verlag Leipzig 1908, Bd. 1, S. 279 f.

Goethe, Johann Wolfgang von: Dichtung und Wahrheit, Erstes Buch. In: Goethes Werke. Hg. v. Erich Trunz. Verlag C.H. Beck München 1981, Bd. 9, S. 10

– *Faust II, 4. Akt.* In: Goethes Werke, Bd. 3, S. 306 f.

– *Dichtung und Wahrheit, Zweites Buch.* In: Goethes Werke, Bd. 9, S. 53

– *Reineke Fuchs, Erster Gesang.* In: Goethes Werke, Bd. 2, S. 285

– *Sprüche.* In: Goethes Werke, Bd. 1, S. 314

– *Faust I, Vor dem Tor.* In: Goethes Werke, Bd. 3, S. 35 f.

– *Gingo biloba.* In: Goethes Werke, Bd. 2, S. 66

Günderode, Karoline von: Allerley Gedanken. In: K. v. G.: Der Schatten eines Traumes. Gedichte, Prosa, Briefe, Zeugnisse von Zeitgenossen. Hg. und mit einem Essay von Christa Wolf. Buchverlag Der Morgen Berlin 1979, S. 161

Gutzkow, Karl: Werke. Hg. v. Reinhold Gensel. Georg Olms Verlag Hildesheim 1974, Bd. 1, Dritter Teil, S. 80 und 83

Hauff, Wilhelm: Mittheilungen aus den Memoiren des Satans, 2.Teil, 3. Kapitel. Gebrüder Franckh Stuttgart 1827, S. 179 f.

Heine, Heinrich: Erinnerung. In: H.H.: Sämtliche Schriften. Hg. v. Karl Briegleb. Verlag Ullstein Frankfurt am Main-Berlin-Wien 1981, Bd. 1, S. 249

– *Der Rabbi von Bacherach, Drittes Kapitel.* In: Sämtliche Schriften, Bd. 1, S. 494
– *Ludwig Börne. Eine Denkschrift, Erstes Buch.* In: Sämtliche Schriften, Bd. 7, S. 31 f.
– *Briefe aus Berlin. Zweiter Brief.* In: Sämtliche Schriften, Bd. 3, S. 35 f.
Hindemith, Paul: Briefe. Hg. v. Dieter Rexroth. Fischer Taschenbuch Verlag Frankfurt am Main 1982, S. 107
Hoffmann, E. T. A.: Meister Floh. In: E. T. A. H.: Gesammelte Werke. Aufbau Verlag Berlin und Weimar 1982, Bd. 7, S. 306, S. 406 f.
Hoffmann, Heinrich: Ein Brief an die Redaktion der Gartenlaube Zitiert nach: Struwwelpeter-Hoffmann. Hg. v. G. H. Herzog und Helmut Siefert. Verlag Heinrich-Hoffmann-Museum Frankfurt am Main 1978, S. 11 f.
– *Der Struwwelpeter.* Verlag Heinrich-Hoffmann-Museum Frankfurt am Main 1979
– *Allerseelen-Büchlein.* Literarische Anstalt Frankfurt am Main 1858, S. 46
Hölderlin, Friedrich: Sämtliche Werke. Hg. v. Friedrich Beissner. J. G. Cottasche Buchhandlung Nachfolger Stuttgart 1944, Bd. 1, S. 227, S. 301
Hugo, Victor: Rheinreise. Societäts-Verlag Frankfurt am Main 1982, S. 154
Humboldt, Wilhelm von: Brief an Caroline vom 17. 7. 1816. In: Wilhelm und Caroline von Humboldt in ihren Briefen. Hg. v. Anna von Sydow. Verlag Ernst Siegfried Mittler und Sohn Berlin 1912, S. 288
Huysmans, Joris-Karl: Trois Primitifs. Edition Messein Paris o. J., S. 57. (Übers. v. S. D.)
Iffland, August Wilhelm: Brief an Louise vom 6. 11. 1784. In: A. W. Ifflands Briefe an seine Schwester Louise und andere Verwandte 1772-1814. Hg. v. Ludwig Geiger. Selbstverlag der Gesellschaft für Theatergeschichte Berlin 1904, S. 159
Jean Paul: Brief vom 7. 6. 1818. In: Jean Pauls Briefwechsel mit seiner Frau und Christian Otto. Hg. v. Paul Nerrlich. Weidmannsche Buchhandlung Berlin 1902, S. 266
Carl Jügel: Das Puppenhaus. Hg. v. Wilhelm Pfeiffer-Belli. Verlag Englert und Schlosser Frankfurt am Main 1921, S. 353

Kaschnitz, Marie Luise: Tage, Tage, Jahre. Insel Verlag Frankfurt am Main und Leipzig 1992, S. 5
Kerr, Alfred: Gesammelte Schriften. S. Fischer Verlag Berlin 1920, Die Welt im Licht, Bd. 1, S. 155 f.
Klettenberg, Susanna Katharina von: Jesus. In: Neue Lieder von Fräulein Klettenberg. Hg. v. Fritz Schlosser. O. O. 1900
Klinger, Friedrich Maximilian von: Sturm und Drang. Philipp Reclam jun. Stuttgart 1970, S. 5
Laube, Heinrich: Erinnerungen 1841-1881. In: H. L.: Ausgewählte Werke. Hg. v. Heinrich Hubert Houben. Max Hesses Verlag Leipzig o. J., Bd. 9, S. 149 f.
Lenau, Nikolaus: Blick in den Strom. In: Nicolaus Lenaus dichterischer Nachlaß. Hg. v. Anastasius Grün. J. G. Cotta'scher Verlag Stuttgart und Augsburg 1858, S. 153 f.
Luther, Martin: Briefe. Hg. v. Günther Wartenberg. Insel Verlag Leipzig 1983, S. 63
Mendelssohn Bartholdy, Felix: Reisebriefe aus den Jahren 1830 bis 1832. Hg. v. Paul Mendelssohn Bartholdy. Hermann Mendelssohn Leipzig 1869, S. 194 f.
Nerval, Gérard de: Souvenirs d'Allemagne. Lorely. Michel Lévy Frères Paris 1855, S. 39 (Übers. v. S. D.)
Paquet, Alfons: Reise. In: A. P.: Auf Erden. Ein Zeit- und Reisebuch in 5 Passionen. Hg. v. Verband der Kunstfreunde in den Ländern am Rhein 1908, S. 5
Raabe, Wilhelm: Eulenpfingsten. In: W. R.: Gesammelte Erzählungen. Verlag Otto Janke Berlin 1907, Bd. 3, S. 91
Raff, Helene: Joachim Raff. Gustav Bosse Verlag Regensburg 1925, S. 233
Ringelnatz, Joachim: Gesammelte Gedichte. Büchergilde Gutenberg Frankfurt am Main 1954, S. 162
Roth, Joseph: Briefe 1911-1939. Hg. v. Hermann Kesten. Verlag Kiepenheuer & Witsch Köln und Berlin 1970, S. 72, S. 70
Schiller, Friedrich: Sämtliche Werke. Hg. v. Gerhard Fricke und Herbert G. Göpfert. Carl Hanser Verlag München 1960, Bd. 1, S. 205
Schopenhauer, Arthur: Gründe für Frankfurt. Zitiert nach der Übersetzung von Wilhelm Gwinner. In: Briefe aus Schopenhauers Zeit und Selbstzeugnisse. Hg. v. Bertold Hack. Druckerei Weisbecker Frankfurt am Main 1976, S. 145 f.

– *Über Lärm und Geräusch.* In: A. S.: Sämtliche Werke. Hg. v. Wolfgang Frhr. von Löhneysen. Cotta und Insel Verlag Stuttgart und Frankfurt am Main 1963-65, Bd. 5, S. 754 f.

Schumann, Clara: Tagebuch. Zitiert nach: Beatrix Borchard: Clara Schumann. Ihr Leben. Verlag Ullstein Frankfurt am Main und Berlin 1991, S. 393 f.

Schumann, Ferdinand: Ebd. S. 406

Schumann, Robert: Jugendbriefe. Hg. v. Clara Schumann. Verlag Breitkopf und Härtel Leipzig 1886, S. 50

Soest, Johann Steinwert von: Ein Spruchgedicht zu lob und eer der Statt Franckfortt. Zitiert nach: Robert Diehl: Frankfurt am Main im Spiegel alter Reisebeschreibungen vom 15. bis zum 19. Jahrhundert. Weidlich Reprint 1984, S. 208

Sontag, Henriette: Brief an Charles Keller vom 30. 11. 1827. Zitiert nach: Albert Richard Mohr: Musikleben in Frankfurt am Main. Verlag Waldemar Kramer Frankfurt am Main 1976, S. 211

Stevenson, Robert Louis: Brief an den Vater. Zitiert nach: Uli Aumüller: »... hätte ich mein Leben lang hier gewohnt.« Frankfurter Rundschau vom 24. 12. 1994

Stoltze, Friedrich: Der Rewestock ... und *Diesen Kuß* ... Zitiert nach: Johannes Proelß: Friedrich Stoltze. Neu bearbeitet von Günther Vogt. Societäts-Verlag Frankfurt am Main 1978, S. 20, S. 245

– *Gedichte in Frankfurter Mundart.* Verlag Heinrich Keller Frankfurt am Main 1883, S. 181 f.

Streicher, Andreas: Schillers Flucht. Hg. v. Paul Raabe. J. F. Steinkopf Verlag Stuttgart 1959, S. 127, S. 137 f.

Suhrkamp, Peter: Briefe an Autoren. Hg. v. Siegfried Unseld. Suhrkamp Verlag Frankfurt am Main 1963, S. 90 f.

Varnhagen von Ense, Karl August (Hg.): Rahel. Ein Buch des Andenkens für ihre Freunde. Zweiter Theil. Verlag Herbert Lang Bern 1972, S. 315 f.

Voltaire: Damals, als an den Ufern des Mains ... Zitiert nach: Kurt Flasch: »Ein Magier der Vernunft.« Frankfurter Allgemeine Zeitung vom 19. 11. 1994

Wagner, Richard: Mein Leben. Hg. v. Martin Gregor-Dellin, List Verlag München 1976, S. 117

Wassermann, Jakob: Der Fall Maurizius. Verlag Albert Langen/Georg Müller München und Wien 1971, S. 137

Willemer, Marianne von: Westwind. In: Goethes Werke, a.a.O., Bd. 2, S. 82

Wolfe, Thomas: Briefe. Hg. v. Elizabeth Nowell. A. d. Amerikanischen v. Susanna Rademacher. Rowohlt Verlag Reinbek bei Hamburg 1961, S. 132

Auswahlbibliographie

Althammer, Fritz / Bierwirth, Paul: Wegweiser zu den Grabstätten bekannter Persönlichkeiten auf Frankfurter Friedhöfen. Frankfurt am Main (Waldemar Kramer) 1966

Cropp, J. Albrecht / Diehl, Siegfried: Bummel durch Frankfurt. München (Süddeutscher Verlag) 1971

Diehl, Robert: Frankfurt am Main im Spiegel alter Reisebeschreibungen vom 15. bis zum 19. Jahrhundert. Würzburg (Weidlich) 1984

Fried, Johannes (Hg.): 750 Jahre Messen in Frankfurt. Die Frankfurter Messe. Besucher und Bewunderer. Literarische Zeugnisse aus ihren ersten acht Jahrhunderten. Frankfurt am Main (Umschau) 1990

Grieser, Dietmar: Goethe in Hessen. Frankfurt am Main (Insel) 1982

Hack, Bertold (Hg.): Arthur Schopenhauer. Briefe aus Schopenhauers Frankfurter Zeit und Selbstzeugnisse. Frankfurt am Main (Weisbekker) 1976

Hack, Bertold (Hg.): Hölderlin in Homburg. Frankfurt am Main (Weisbecker) 1979

Hässlin, Johann Jakob (Hg.): Frankfurt. Stadt und Landschaft. München (Prestel) 1954

Heckmann, Herbert / Michel, Walter: Frankfurt mit den Augen Goethes. Frankfurt am Main (Umschau) 1982

Heckmann, Herbert (Hg.): Frankfurter Lesebuch. Frankfurt am Main (Umschau) 1985

Herder, Hans (Hg.): Hessisches Lesebuch. Frankfurt am Main (Insel) 1981

Heym, Heinrich: Lebenslinien. Schicksale aus einer alten Stadt. 3 Bde. Frankfurt (Kettenhof) 1965-68

Jaenicke, Anselm / Reifenberg, Benno / Vogt, Günther: Genius loci. Frankfurt am Main (Waldemar Kramer) 1966

Lübbecke, Fried / Hartmann, Georg: Alt Frankfurt – Ein Vermächtnis. Frankfurt am Main (Der Goldene Brunnen) 1950

Kathrein, Hilde / Krüger, Laura (Hg.): Liebe zu Frankfurt. Im Urteil von Dichtern, Denkern, Diplomaten. Frankfurt am Main (Societäts-Verlag) 1990

Klötzer, Wolfgang (Hg.): Frankfurter Biographie. 2 Bde. Frankfurt am Main (Waldemar Kramer) 1994 und 1996
Klötzer, Wolfgang: Zu Gast im alten Frankfurt. München (Heinrich Hugendubel) 1990
Kramer, Waldemar (Hg.): Frankfurt-Lexikon. Frankfurt am Main (Waldemar Kramer) 1996
Kramer, Waldemar (Hg.): Frankfurt-Chronik. Frankfurt am Main (Waldemar Kramer) 1977
Leweke, Wendelin: Berühmte Frankfurter. Frankfurt am Main (Societäts-Verlag) 1989
Leweke, Wendelin: Frankfurter Brunnengeschichten. Frankfurt am Main (Societäts-Verlag) 1989
Lohne, Hans: Mit offenen Augen durch Frankfurt. Frankfurt am Main (Waldemar Kramer) 1982
Merten, Klaus / Mohr, Christoph: Das Frankfurter Westend. München (Prestel) 1974
Mohr, Albert Richard: Musikleben in Frankfurt am Main. Frankfurt am Main (Waldemar Kramer) 1976
Müller-Vogg, Hugo (Hg.): Wege zur Stadtgeschichte. Spaziergänge durch Frankfurt. Frankfurt am Main (Umschau) 1995
Nebhut, Ernst / Ahrlé, Ferry: Frankfurter Straßen und Plätze. Frankfurt am Main (Societäts-Verlag) 1974
Oberhauser, Fred / Oberhauser, Gabriele: Literarischer Führer durch Deutschland. Frankfurt am Main (Insel) 1984
Proelß, Johannes / Vogt, Günther: Friedrich Stoltze. Ein Bürger von Frankfurt. Frankfurt am Main (Societäts-Verlag) 1978
Sarkowicz, Hans (Hg.): Die großen Frankfurter. Frankfurt am Main (Insel) 1994
Wahlig, Kurt: Das Frankfurter Straßennamen-Büchlein. Frankfurt am Main (Waldemar Kramer) 1981
Weitz, Hans-J. (Hg.): Marianne und Johann Jakob Willemer. Briefwechsel mit Goethe. Frankfurt am Main (Insel) 1965
Wolf, Siegbert (Hg.): Frankfurt am Main. Jüdisches Städtebild. Frankfurt am Main (Jüdischer Verlag) 1996

Inhalt

Literatur und Reisen im insel taschenbuch

Alt-Prager Geschichten. Gesammelt von Peter Demetz. Mit Illustrationen von Hugo Steiner-Prag. it 613

Alt-Wiener Geschichten. Gesammelt von Joseph Peter Strelka. Mit sechs farbigen Abbildungen. it 784

Ernst Batta: Römische Paläste und Villen. Annäherung an eine Stadt. Mit zahlreichen Abbildungen. it 1324

Bodensee. Reisebuch. Herausgegeben von Dominik Jost. Mit zahlreichen Abbildungen. it 1490

Bonn. Ein Städte-Lesebuch. Herausgegeben von Doris Maurer und Arnold E. Maurer. Mit zahlreichen Abbildungen. it 1224

Budapest. Reisebuch. Herausgegeben von Wilhelm Droste, Susanne Scherrer und Kristin Schwamm. Mit zahlreichen Fotografien. it 1801

Friedrich Dieckmann: Dresdner Ansichten. Spaziergänge und Erkundungen. Mit farbigen Fotografien. it 1766

Dresden. Ein Reisebuch. Herausgegeben von Katrin Nitzschke. Unter Mitarbeit von Reinhard Eigenwill. Mit zahlreichen Abbildungen. it 1365

Flandern. Lesarten einer Stadt. Herausgegeben von Werner Jost und Joost de Geest. it 1254

Florenz. Lesarten einer Stadt. Herausgegeben von Andreas Beyer. Mit zahlreichen Illustrationen. it 633

Florida. Reisebuch. Herausgegeben von Katharina Frühe und Franz Josef Görtz. Mit zahlreichen Abbildungen. it 1492

Theodor Fontane: Jenseit des Tweed. Bilder und Briefe aus Schottland. Mit zahlreichen Abbildungen und einem Nachwort herausgegeben von Otto Drude. it 1066

– Ein Sommer in London. Mit einem Nachwort von Harald Raykowski. it 1723

Georg Forster: Reise um die Welt. Herausgegeben und mit einem Nachwort von Gerhard Steiner. it 757

Frankfurt. Reisebuch. Herausgegeben von Herbert Heckmann. Mit zahlreichen Abbildungen. it 1438

Johann Wolfgang Goethe: Italienische Reise. Mit vierzig Zeichnungen des Autors. Herausgegeben und mit einem Nachwort versehen von Christoph Michel. it 175

Johann Wolfgang Goethe: Tagebuch der Italienischen Reise 1786. Notizen und Briefe aus Italien. Mit Skizzen und Zeichnungen des Autors. Herausgegeben und erläutert von Christoph Michel. it 176

– Kampagne in Frankreich 1792. Belagerung von Mainz. Herausgegeben und mit einem Nachwort von Jörg Drews. Mit zeitgenössischen Abbildungen. it 1525

158/1/12.96

Literatur und Reisen im insel taschenbuch

Walter Haubrich / Eva Karnofsky: Die großen Städte Lateinamerikas. Sechzehn Städtebilder. Von Walter Haubrich und Eva Karnofsky. Mit farbigen Fotografien. it 1601

Hamburg. Ein Städte-Lesebuch. Herausgegeben von Eckart Kleßmann. it 1312

Victor Hehn: Olive, Wein und Feige. Kulturhistorische Skizzen. Herausgegeben von Klaus von See unter Mitwirkung von Gabriele Seidel-Leimbach. Mit farbigen Abbildungen. it 1427

Heidelberg-Lesebuch. Stadt-Bilder von 1800 bis heute. Herausgegeben von Michael Buselmeier. it 913

Heinrich Heine: Italien. Mit farbigen Illustrationen von Paul Scheurich. it 1072

Hermann Hesse: Luftreisen. Berichte und Gedichte. Herausgegeben und mit einem Nachwort versehen von Volker Michels. Mit zahlreichen Abbildungen. it 1604

– Mit Hermann Hesse durch Italien. Ein Reisebegleiter durch Oberitalien. Mit farbigen Fotografien. Herausgegeben von Volker Michels. it 1120

– Tessin. Betrachtungen, Gedichte und Aquarelle des Autors. Herausgegeben von Volker Michels. it 1494

Mit Hermann Hesse reisen. Betrachtungen und Gedichte. Herausgegeben von Volker Michels. it 1242

Erhart Kästner: Griechische Inseln. Aufzeichnungen aus dem Jahre 1944. Mit einem Nachwort von Heinrich Gremmels. it 118

– Kreta. Aufzeichnungen aus dem Jahre 1943. Mit einem Nachwort von Heinrich Gremmels. it 117

– Ölberge, Weinberge. Ein Griechenland-Buch. Mit Zeichnungen von Helmut Kaulbach. it 55

– Ölberge, Weinberge. Die Stundentrommel vom heiligen Berg Athos. 2 Bände in Kassette. it 55/56

– Die Stundentrommel vom heiligen Berg Athos. it 56

Harald Keller: Die Kunstlandschaften Italiens. Toskana. Florenz. Umbrien. Rom. Lombardei. Emilia. Venedig. Zwei Bände in Kassette. Mit zahlreichen Abbildungen. it 1576

Kunstführer durch Sachsen und Thüringen. Herausgegeben von Katharina Flügel. Mit farbigen Abbildungen. it 1327

London. Eine europäische Metropole in Texten und Bildern. Herausgegeben von Norbert Kohl. it 322

158/2/12.96

Literatur und Reisen
im insel taschenbuch

Doris Maurer / Arnold E. Maurer: Literarischer Führer durch Italien. Ein Insel-Reiselexikon. Mit zahlreichen Abbildungen, Karten und Registern. it 1071

Günter Metken: Reisen durch Europa. Andere Wege zu Kunst und Kultur. Von Günter Metken. Mit zahlreichen Fotografien. it 1572

Mit Fontane durch die Mark Brandenburg. Herausgegeben von Otto Drude. Mit farbigen Fotografien von Christel Wollmann-Fiedler. it 1798

Mit Rilke durch das alte Prag. Herausgegeben von Hartmut Binder. Mit zahlreichen Abbildungen. it 1489

Michel de Montaigne: Tagebuch einer Reise durch Italien. Aus dem Französischen von Otto Flake. it 1074

Moskau. Ein literarischer Führer. Von Sigrun Bielfeldt. Mit zahlreichen Abbildungen. it 1382

München. Ein Lesebuch. Herausgegeben von Reinhard Bauer und Ernst Piper. Mit zahlreichen Abbildungen. it 827

Ernst Penzoldt: Sommer auf Sylt. Liebeserklärungen an eine Insel. Mit farbigen Zeichnungen des Verfassers. Herausgegeben von Volker Michels. it 1424

Potsdam. Ein Reisetagebuch. Herausgegeben von Doris Maurer und Arnold E. Maurer. Mit farbigen Abbildungen. it 1432

Prag. Ein Lesebuch. Herausgegeben von Jana Halamicková. Mit zahlreichen Abbildungen. it 994

Reisen durch Deutschland. Von Gustav Faber. Mit farbigen Fotografien. it 1595

Reisen mit Mark Twain. Für Reiselustige ausgewählt und zusammengestellt von Norbert Kohl. it 1594

Rom. Ein Städte-Lesebuch. Herausgegeben von Michael Worms. it 921

Salzburg. Ein Städte-Lesebuch. Herausgegeben von Adolf Haslinger. Mit zahlreichen Abbildungen. it 1326

Schwarzwald und Oberrhein. Literarischer Führer. Herausgegeben von Hans Bender und Fred Oberhauser. Mit zahlreichen Abbildungen. it 1330

Sommerliebe. Zärtliche Geschichten. Für den Reisekoffer gepackt von Franz-Heinrich Hackel. it 1596

Südtirol. Ein literarisches Landschaftsbild. Herausgegeben von Dominik Jost. it 1317

Toskana. Ein literarisches Landschaftsbild. Herausgegeben von Andreas Beyer. Mit Fotografien von Loretto Buti. it 926

158/3/12.96

Literatur und Reisen im insel taschenbuch

Trier. Deutschlands älteste Stadt. Herausgegeben von Michael Schroeder. Mit zahlreichen Fotografien. it 1574

Tübingen. Ein Städte-Lesebuch. Herausgegeben von Gert Ueding. Mit zahlreichen Abbildungen. it 1246

Tunesien. Ein Reisebuch. Herausgegeben von Hans-Ulrich Wagner. it 1802

Mark Twain: Reisen ums Mittelmeer. Vergnügliche Geschichten. Ausgewählt von Norbert Kohl. it 1799

Umbrien. Ein Reisebuch. Herausgegeben von Isolde Renner. Mit zahlreichen Abbildungen. it 1491

Venedig. Herausgegeben von Doris Maurer und Arnold E. Maurer. Mit zahlreichen Abbildungen. it 626

Venedig. Literarischer Führer. Herausgegeben von Doris Maurer und Arnold E. Maurer. Mit farbigen Abbildungen. it 1413

Warum in die Ferne? Das Lesebuch vom Daheimbleiben. Eingerichtet von Hans Christian Kosler. it 1332

Die Welt der Museen. Herausgegeben von Joachim Rönneper. it 1493

Westfalen. Ein Reiselesebuch. Herausgegeben von Hans Georg Schwark und Fred Oberhauser. Mit zahlreichen Abbildungen. it 1394

Wien. Ein Reisebuch. Herausgegeben von Joseph Peter Strelka. Mit farbigen Fotografien. it 1573

Wien im Gedicht. Herausgegeben von Gerhard C. Krischker. it 1488

Wiener Adressen. Ein kulturhistorischer Wegweiser. Von Dietmar Grieser: it 1203

158/4/12.96

Kunst und Musik
im insel taschenbuch

Oskar Bätschmann: Edouard Manet. Der Tod des Maximilian. Eine Kunst-Monographie. Mit Abbildungen und einer farbigen Klapptafel. it 1482

Besuche im Städel. Betrachtungen zu Bildern. Herausgegeben von Klaus Gallwitz. Mit biographischen Notizen von Dolf Sternberger. it 939

Gottfried Boehm: Paul Cézanne. Montagne Sainte-Victoire. Eine Kunst-Monographie. Mit Abbildungen und einer farbigen Klapptafel. it 826

Roland Bothner: Auguste Rodin. Die Bürger von Calais. Eine Kunst-Monographie. Mit Abbildungen und einer farbigen Klapptafel. it 1483

Cézanne. Leben und Werk in Texten und Bildern. Von Margret Boehm-Hunold. it 1140

George Clémenceau: Claude Monet. Betrachtungen und Erinnerungen eines Freundes. Mit farbigen Abbildungen und einem Nachwort von Gottfried Boehm. it 1152

Das Evangeliar Heinrichs des Löwen. Erläutert von Elisabeth Klemm. Mit farbigen Bildtafeln. it 1121

Die Familie Mendelssohn. 1729 bis 1847. Nach Briefen und Tagebüchern herausgegeben von Sebastian Hensel. it 1671

Esther Gallwitz: Kleiner Kräutergarten. Kräuter und Blumen bei den Alten Meistern im Städel. Mit farbigen Abbildungen. it 1420

Sebastian Goeppert / Herma Goeppert-Frank: Pablo Picasso. Minotauromachie. Mit zahlreichen Abbildungen und einer Klapptafel. it 1533

Goethes Gedanken über Musik. Eine Sammlung aus seinen Werken, Briefen, Gesprächen und Tagebüchern. Herausgegeben von Hedwig Walwei-Wiegelmann. Mit achtundvierzig Abbildungen, erläutert von Hartmut Schmidt. it 800

Vincent van Gogh: Briefe an seinen Bruder. Drei Bände in Kassette. Herausgegeben von Johanna Gesina van Gogh-Bongers. Deutsch von Leo Klein-Diepold und Carl Einstein. Mit farbigen Abbildungen. it 954

– Feuer der Seele. Gedanken zum Leben, zur Liebe und zur Kunst. Ausgewählt aus seinen Briefen und mit einem Nachwort versehen von Ursula Michels-Wenz. it 1265

Van Gogh in seinen Briefen. Mit Abbildungen. it 177

Herman Grimm: Das Leben Michelangelos. it 1758

Gernot Gruber: Mozart. Leben und Werk in Texten und Bildern. Von Gernot Gruber. it 1695

157/1/12.96

Kunst und Musik im insel taschenbuch

Christiaan L. Hart Nibbrig: Ästhetik des Todes. Mit zahlreichen Abbildungen. it 1697

Joachim Heusinger von Waldegg: Fernand Léger. La Ville. Eine Kunst-Monographie. Mit farbigen Abbildungen und einer farbigen Klapptafel. it 1705

Wolfgang Hildesheimer: Endlich allein. Collagen. Mit einer Einführung des Künstlers »Die Ästhetik der Collage«. it 898

Freia Hoffmann: Instrument und Körper. Die musizierende Frau in der bürgerlichen Kultur. it 1274

Richard Hoppe-Sailer: Paul Klee. Ad Parnassum. Eine Kunst-Monographie. Mit Abbildungen und einer farbigen Klapptafel. it 1485

Max Imdahl: Picassos Guernica. Eine Kunst-Monographie. Mit Abbildungen und einer Klapptafel. it 806

Heinz Jatho: Max Beckmann. Das Schauspieler-Triptychon. Eine Kunst-Monographie im insel taschenbuch. Mit Abbildungen und einer farbigen Klapptafel. it 1134

Harald Keller: Französische Impressionisten. Herausgegeben von Elisabeth Herget und Wilhelm Schlink. Mit farbigen Abbildungen. it 1515

– Die Kunstlandschaften Italiens. Toskana. Florenz. Umbrien. Rom. Lombardei. Emilia. Venedig. Zwei Bände in Kassette. Mit zahlreichen Abbildungen. it 1576

Hiltrud Kier: Architektur der 50er Jahre. Bauten des Gerling-Konzerns in Köln. Eine Kunst-Monographie. Mit Abbildungen und einer farbigen Klapptafel. it 1617

Gisela Kleine: Gabriele Münter und Wassily Kandinsky. Biographie eines Paares. Mit farbigen Abbildungen. it 1611

Eckart Kleßmann: Die Familie Mendelssohn. Mit zahlreichen Abbildungen. it 1523

Oskar Kokoschka. Leben und Werk in Daten und Bildern. Herausgegeben von Norbert Werner. it 909

Kunstführer durch Sachsen und Thüringen. Herausgegeben von Katharina Flügel. Mit farbigen Abbildungen. it 1327

Monique Lange: Edith Piaf. Die Geschichte der Piaf. Ihr Leben in Texten und Bildern. Aus dem Französischen von Hugo Beyer. Mit einer Discographie. it 516

Christa Lichtenstern: Henry Moore. Liegende. Zweiteilig Liegende I - Landschaft und Figur. Eine Kunstmonographie. Mit Abbildungen und einer farbigen Klapptafel. it 1612

Michael Lüthy: Andy Warhol. Thirty Are Better Than One. Eine Kunst-Monographie. Mit Abbildungen und einer farbigen Klapptafel. it 1759

157/2/12.96

Kunst und Musik im insel taschenbuch

Julius Marusz: Porzellan. Betrachtungen aus der Geschichte der ältesten Manufakturen Europas. Mit zahlreichen Abbildungen. it 1760

Julius Meier-Graefe: Renoir. Mit farbigen Abbildungen und einem Nachwort von Andreas Beyer. it 1653

Friedhelm Mennekes: Arnulf Rainer. Weinkreuz. Eine Kunst-Monographie. Mit Abbildungen und einer farbigen Klapptafel. it 1569

Minnesinger. In Bildern der Manessischen Liederhandschrift. Mit Erläuterungen herausgegeben von Walter Koschorreck. Vierundzwanzig Abbildungen. it 88

Modernes Museum. Bilder, Objekte, Installationen im Museum für Moderne Kunst Frankfurt am Main. Von Michael Hierholzer. Mit einem Vorwort von Jean-Christophe Ammann und farbigen Abbildungen. it 1647

Friedrich de la Motte-Fouqué: Undine. Ein Märchen von Friedrich de la Motte-Fouqué. Musik von E.T.A. Hoffmann. Mit Bildern von Karl Friedrich Schinkel. Mit einem Essay von Ute Schmidt-Berger. it 1353

Wolfgang Amadeus Mozart: Briefe. Ausgewählt, eingeleitet und kommentiert von Wolfgang Hildesheimer. Mit zahlreichen Abbildungen. it 1696

Axel Müller: René Magritte. Die Beschaffenheit des Menschen I. Eine Kunst-Monographie im insel taschenbuch. Mit Abbildungen und einer farbigen Klapptafel. it 1202

Museumsbesuche. Schweizer Schriftsteller schreiben zu Bildern der Stiftung Oskar Reinhart. Vorwort von Paul Nizon. Mit farbigen Abbildungen. it 1539

Romola Nijinsky: Nijinsky. Der Gott des Tanzes. Biographie von Romola Nijinsky. Vorwort von Paul Claudel. Übersetzt von Hans Bütow. it 566

Manfred Reitz: Große Kunstfälschungen. Falsche Kunst und echte Fälscher unter die Lupe genommen. Mit zahlreichen Abbildungen. it 1534

Rainer Maria Rilke: Auguste Rodin. Mit 96 Abbildungen. it 766

– Briefe über Cézanne. Herausgegeben von Clara Rilke. Besorgt und mit einem Nachwort versehen von Heinrich Wiegand Petzet. Mit siebzehn farbigen Abbildungen. it 672

– Worpswede. Fritz Mackensen. Otto Modersohn. Fritz Overbeck. Hans am Ende. Heinrich Vogeler. Mit zahlreichen Abbildungen und Farbtafeln im Text. it 1011

157/3/12.96